JN257046

スポーツビジネス叢書

スポーツマネジメント

Sport Management

改訂版

原田宗彦・小笠原悦子［編著］

Harada Munehiko / Ogasawara Etsuko

大修館書店

はじめに

本書は、スポーツに関するマネジメントを、リーグ、クラブ、チーム、選手、ファンといった、スポーツの実践現場を構成する諸要素の視点から検討したものである。過去四半世紀の間、営利・非営利にかかわらず、スポーツの事業化やビジネス化がドラスティックに進行し、マネジメントが必要とされるスポーツの場面も大きな広がりを見せた。

たとえば、これまで共同体としての運営でことたりていた小規模な地域スポーツクラブも、総合型地域スポーツクラブへと進化する過程で、事務局の設置や専任のクラブマネジャーの配置など、共同体から機能体への変化を余儀なくされるようになった。NPOとして法人化した地域スポーツクラブも同様に、非営利組織の目標達成に向けた明確な事業計画の策定と実行が求められる時代となった。さらに企業スポーツが中心であったトップスポーツの世界でも、90年代以降の不況で300近いトップチームが休廃部されるなか、クラブ事業化を積極的に進めるクラブチームも出現した。とくにJリーグが先鞭をつけた企業スポーツからプロスポーツへの構造変換（transform）は、他のスポーツにも影響を及ぼし、男子バスケットボール（bjリーグ）や野球（四国・北信越）の独立リーグ立ち上げの呼び水となった。

ある目的の達成を目指す機能体も、構成員の人間関係を重視する共同体も、それぞれの組織目標に適合したマネジメントが必要であるが、本書では、クラブ事業に代表される、〈機能体としてのスポーツ組織〉のマネジメントを強く意識した。クラブ事業においては、高度なパフォーマンスを達成する競技マネジメントと、組織を財政的に維持するクラブマネジメントに加え、ロイヤルティ・マネジメントや群衆コントロールを含むファンのマネジメントも不可欠の要素である。

この領域の先駆的な業績に、武藤泰明が著した『プロスポーツクラブのマネジメント』（東洋経済新報社、2006年）がある。この労作によって、法人格とガバナンス、財務、選手・移籍・代理人、クラブチームの組織と人事、マーケティング、無体財産のマネジメントという多角的な視点から、クラブチーム（団体競技のプロチーム会社）のマネジメントに必要な知識が初めて体系化された。ただし、スポーツマネジメントに関する知識を教科書化するには、学校体育から大規模スポーツ施設のマネジメントまで、幅広い対象領域の整理と、財務、人事、法務、組織、経営戦略といった詳細な経営知識の引用・反映が必要になってくる。それゆえ、全体像の把握には、辞書を編纂するような詳細かつ体系的な知識の構築が必要とされる。

そこで本書は、スポーツビジネス叢書の中の一冊という特色を生かし、財務については『スポーツファイナンス』、スポンサーシップやマーケティングについては『スポーツマーケティング』という具合に、コンテンツを切り分けることにし、本の内容をスポーツ組織のマネジメントに絞ることにした。本書の構成内容は4つのパートに分かれている。1、2章は「スポーツマネジメントの基礎」であり、急速に変化する社会状況の中におけるスポーツマネジメントの機能と役割について述べた。3～5章は「スポーツ組織のマネジメント」であり、スポーツ関連組織のマネジメントや組織行動、そして法に関する知識をまとめた。6〜8章は「トップスポーツのマネジメント」であり、チームやリーグのマネジメントという新しい領域に踏み込んでいる。最後の9、10章は「スポーツマネジメントの実際」として括られ、国内外のスポーツ統括組織のマネジメントとファンビジネスを成功させるためのマネジメントについて言及した。

この原稿を書いている現在、第16回ヨーロッパ・スポーツマネジメント学会(EASM)が開かれているドイツのハイデルベルグに滞在しているが、今回の学会では、NASSM(北米スポーツマネジメント学会)、SMAANZ(オーストラリア・ニュージーランド・スポーツマネジメント学会)、AASM(アジア・スポーツマネジメント学会)の会長が集まって、世界のスポーツマネジメント研究の現状を報告する「アライアンス・デイ」が併催された。筆者もAASMの代表として報告を行ったが、他学会の活動報告を聞いてみて、あらためてスポーツにまつわるマネジメント課題のグローバル化を認識させられた。

今回の会議で用いられたセッション・テーマを追ってみても、CSR(企業の社会的責任)、倫理・文化的側面、経済と法、メディア、スポーツツーリズム、スポーツマーケティング、スポーツ参加、イベント・インパクト、イベント・マネジメント、政策・制度的側面、ファイナンス、アンブッシュ・マーケティング、スポーツ施設、教育とスポーツマネジメント、ジェンダーのように多種多様で、あらためてスポーツマネジメントの枠の中で、知識の体系化を試みることが大変かを痛感させられた。

国際学会の整備にともない、スポーツマネジメントの教育研究が、今後国際的な規模で進展することが予想されるが、同時に、実践現場への知のフィードバックができる効果的な仕組みを作り上げていく作業も重要となる。本書が、スポーツマネジメントに関する知識の体系化とともに、現場でも活用できる実践的知識の提供に役立てば、それは筆者らの望外の喜びである。

最後に、スポーツビジネス叢書の企画と本書の執筆にあたっては、大修館書店の加藤順氏に大変お世話になった。記して感謝の意を表したい。

原田宗彦

2008年9月　ハイデルベルグにて

改訂版にあたって

本書の初版が刊行されたのは２００８年であるが、その当時に比べ、日本のスポーツを取り巻く状況は大きく変化した。結論から言えば、初版で提言した「スポーツマネジメントの時代」へのシフトが加速化したのである。２００８年以降の主な動きとしては、２０１１年のスポーツ基本法の制定とそれに続く２０１２年のスポーツ基本計画の策定がある。編著者も、スポーツ議員連盟スポーツ基本法制定アドバイザリーボード（座長：遠藤利明五輪担当相）のメンバーとして、同法の立法精神の見直しに関わったが、そこでもマネジメントの必要性と重要性が再認識された。例えば、東京五輪を見据えて１９６２年に制定されたスポーツ振興法によって設置された「体育指導委員」は、「スポーツ推進委員」に名称を変え、同時にその役割も、地域スポーツにおける実技指導から、スポーツイベントの企画・運営、行政や各種団体、地域住民を結びつける調整役等の、マネジメント色の濃い内容へと変化した。

その一方で、地域密着型プロスポーツの動きも大きく進展し、１９９３年に10チームでスタートしたＪリーグも、２０１５年現在はＪ1、Ｊ2、Ｊ3と3層構造のリーグへと拡大し、チーム数も52に増えた。また6チームで２００５年にスタートしたバスケットのbjリーグも、２０１６年にはＪＢＬと合併し、新しいプロリーグ（Ｂリーグ）に衣替えすることが決まった。ここでもＧＭ（ゼネラルマネジャー）を始め、チケットセールスやスポンサー獲得、そして試合運営など、監督やコーチが行う「フィールドマネジメント」とは異なる「ビジネスマネジメント」の人材が求められている。

繰り返すように、初版の第1章で展望した、「スポーツマネジメントの時代」が、いよいよ現実味を持って語られるようになったのが、ここ数年の特徴である。スポーツマネジメントが強調される時代は、競技力の向上を目指す競技団体にもプラスの影響を与えている。特に補助金の不正使用やセクハラ問題等、スポーツ界の不祥事が表面化するとともに、競技団体のガバナンスを是正する動きが活発化したが、これは競技団体の経営面での体力強化を具現化するものである。特に、国際競技力の向上においては、競技団体のマネジメント力の有無が大きな要因となるため、今後も継続した情報提供と学習機会の提供が大切となる。

さらに2019年のラグビーワールドカップ大会や、2020年東京オリンピック・パラリンピック大会、そして2021年のワールドマスターズゲームといったメガスポーツイベントの開催により、スポーツに巨額の資金が流れ込む機会が増えた。スポーツがグローバルなビジネスとして成長するにつれ、スポーツとビジネスの関係性が強まり、人材育成とリクルート、組織改善、ファイナンス、会員管理、ポリシー策定、ガバナンス統制、税務会計など、より専門的な知識や経験、そして外部組織によるサービス支援の必要性が増してきた。

今後スポーツマネジメントは、一般的なビジネスマネジメントの世界に包含されていく危険性を孕んでいるが、本書の目的は、スポーツマネジメントの学術的意義の啓蒙と、実践現場で役立つ（意思決定の拠り所となる）基礎的な知識の体系化にあり、ビジネスマネジメントとスポーツマネジメントの距離を無理に縮めようとするものではない。地域スポーツの現場でもプロスポーツの現場でも、必要なのは、人を育て、人を動機づけ、人と関係性を築いて事業を進めるヒューマンビジネスの視点であり、チケットを売り、スポンサーを獲得し、いい選手を育て、負けないチームをつくり、チームやクラブのブランド力を育てていく地道な努力である。

今後スポーツのビジネス化とグローバル化が進展する中で、本書がスポーツマネジメントの基礎を学ぶ入門書として、多くの教育現場で活用されることが望まれる。改訂版の刊行にあたっては、初版時と同じく、大修館書店の加藤順氏に大変お世話になった。加藤氏の叱咤激励と温かい励ましに対し、謹んでお礼を申し上げたい。

平成27年10月6日

原田宗彦

目次

第1章　スポーツマネジメントをめぐる社会的背景

第7章　スポーツリーグのマネジメント

第10章　スポーツファンのマネジメント
――ファンビジネス成功の方程式――

スポーツマネジメント

第1章　スポーツマネジメントをめぐる社会的背景

1．スポーツマネジメントの源流(1)

1 スポーツマネジメントの歴史的発展

スポーツマネジメントは、スポーツ科学の中でも歴史の浅い研究領域である。筆者が北米に留学していた70年代後半から80年代前半ごろは、学部教育でオハイオ大学、そして大学院教育でマサチューセッツ大学にスポーツアドミニストレーション関連の学科がある程度で、研究者集団としての学会も研究ジャーナルも存在していなかった。

当時は、アメリカの地域スポーツ・レクリエーション行政を管轄する「公園・レクリエーション」(Parks & Recreation) が全盛であり、多くの大学が設置した「ＨＰＥＲＤ」(Health, Physical

Education, Recreation and Dance）学部の中で存在感を示していた。公園・レクリエーションが体育と異なるのは、その目的が体育教員の養成ではなく、全米の自治体に設置された公園・レクリエーション局が提供する公共サービスを管理運営する人材の育成にあり、したがってカリキュラムも施設管理や予算管理、そしてレジャー行動論といったマネジメント関連の科目に重点が置かれていた。

しかし、時のレーガン政権が景気浮上策として行った減税政策のあおりを受け、全米の公園・レクリエーション局の予算が大幅にカットされるという事態が出現した。このような状況に強い危機感を抱いた関係者は、自主財源を確保するために、公共サービスの分野では畑違いであった〈マーケティング〉や〈スポンサーシップ〉の考えを積極的に導入し、外部からの資金導入による財源確保をめざした。1980年代の前半には、たとえば、結婚記念日のプレゼントとして公園内に植樹し、夫婦名を掲出する権利の販売や、公園の案内板や標識に企業名を入れる権利など、公園に眠る権利を開発・販売する非営利の権利ビジネスが出現した。このような危機感は、すぐさま大学教育のカリキュラムに反映され、実践的な学問としてのマネジメントやマーケティングが授業科目として整備されたのである。

その後、スポーツビジネスの隆盛にともない、北米においてスポーツマネジメントの人気が高まりを見せるが、当初はレジャー・レクリエーション研究の出身者が大きな役割を果たした。80年代前半、スポーツマネジメント研究の基礎を築いたハワード（Howard, D.）教授（現オレゴン大学：スポーツファイナンス）は、当時ペンシルバニア州立大でレクリエーション・マネジメントを教えており、筆者も彼の講義を受講した。また「スポーツマネジメントの父」と敬愛されるチェラドゥライ（Chelladurai, P.）教授（オハイオ州立大学：組織論）は、カナダ・ウォータールー大学の身体運動学・レジャー研究学博士課程に在籍しており、その後、ウェスタン・オンタリオ大学でスポーツマネジメントのカリキュラムをスタートさせた。

公園・レクリエーションの関係者は、全米に広がる広範なネットワークの中で、レクリエーション・マネジメントやマーケティングの考えを底辺から浸透させていったが、その一方で、スポーツビジネスに関するマネジメントやマーケティングの考えは、先に述べたマサチューセッツ大学人脈によって形成されていった。たとえばルイス（Lewis, G.）[(2)]の"Successful Sport Management"(1985)は、同大学の出身者が中心となって出版された、現在のスポーツマネジメントの基盤をつくった先駆的な教科書であるが、その内容は包括的で、それがマリン（Mullin, B. S.）ら[(3)]の"Sport Marketing"(1993)やミルンとマクドナルド（Milne, G. R. & McDonald, M. A.）[(4)]の"Sport Marketing: Managing the exchange process"(1999)といった教科書が生まれる引き金となった。

2 専門家集団の誕生

世界で初の学会組織となった「北米スポーツマネジメント学会」（ＮＡＳＳＭ）が"Journal of Sport Management"を刊行したのは１９８７年であり、この時期から多くの大学に学科やコースが設置され始めた。ＮＡＳＳＭのウェブサイトには、２０１４年現在、米国内でスポーツマネジメントのプログラムを提供する大学として385大学がリストアップされている。この中で、博士後期課程（Doctoral）のプログラムを提供する大学は32大学と、6年で1.7倍に増えている。これはスポーツマネジメントを教える大学教員の需要拡大を反映する数字である。

90年代のアメリカでは、NCAAのディビジョンIに属する総合大学において、外部研究費の導入が低調で、教員資格やインターンシップといった実践的教育を志向する健康・体育・レクリエーション学部（HPER）は、企業化する総合大学の中で競争優位性を保てなくなり、その結果、他学部に吸収もしくは廃止されてしまった。しかしそのような荒波の中で、スポーツマネジメントが独自領域として発展できたのは、その出自が〈体育〉になかったことが理由のひとつである。もともとスポーツマネジメントは、「スポーツ、ダンス、プレイ等に関する広範囲な事業のマネジメント」（NASSM）を研究対象とするため、ビジネスやマーケティングといった領域との接点も多く、体育以外の世界で独自の発展を遂げることが可能であった。たとえば、2006年にはアメリカのアイビースクールであるコロンビア大学のビジネス・プログラムに、新しくスポーツマネジメントのコース（MS）が誕生するなど、体育とは違うビジネススクールで広がりを見せている。

アメリカの大学教育におけるスポーツマネジメントの普及と拡大は、本場のスポーツビジネスに興味を持つ留学生の数を増やし、そこで博士号を取得した留学生が出身国に戻り、大学でスポーツマネジメントの教鞭を取るようになった。この傾向は台湾や韓国において顕著であり、後述するように、英語という共通言語を介したアジア・スポーツマネジメント学会設立の原動力となった。

なおスポーツマネジメントとは何かについての概念的な議論や、スポーツマネジメントとスポーツアドミニストレーションの定義上の差異に関しては、山下・原田編著の『図解スポーツマネジメント』[5]が参考になる。

3 グローバル化する専門家集団

スポーツビジネスのグローバル化にともない、スポーツマネジメントの教育・研究に対する関心もまた欧米のスポーツ先進諸国に伝播し、各地域で専門家集団が形成された。ヨーロッパでは、1994年にEASM（European Association of Sport Management）が形成され、"European Journal for Sport Management"（2001年に"European Sport Management Quarterly"に名称変更）が刊行された。またオーストラリアとニュージーランドでは、SMAANZ（Sport Management Association of Australia and New Zealand）が組織され、1998年から"Sport Management Review"というジャーナルを発行している。これによって北米、ヨーロッパ、オセアニアの3地域にスポーツマネジメントの組織が形成されたことになる。

それに比べて動きの鈍かったアジアであるが、最近になってようやくアジアのスポーツマネジメントの研究者集団を形成しようという動きが活発化した。2002年には韓国（韓国体育大学）で、初の「アジア・スポーツマネジメント学会」（Asian Association of Sport Management：AASM）が開催され、2006年8月には、第3回アジア・スポーツマネジメント学会（AASM2006）

が早稲田大学国際会議場で開催された。その後2007年には、日本スポーツマネジメント学会が設立されるなど、専門家集団の組織化が進んでいる。さらに2014年には、NASSM、EASM、SMAANZ、AASM等の代表者が集まり、WASM（World Association for Sport Management）という世界規模での学会の第一回大会が、スペインのマドリッドにおいて開催された。

4 なぜスポーツマネジメントが普及したのか

今や世界的な拡大を見せるスポーツマネジメントであるが、その背景には以下に示すような要因がある。

（1） 欧米におけるスポーツビジネスの拡大

80年代から90年代にかけて、欧米においてスポーツの商業化と産業化が進行し、スポーツから派生する権利を販売するシステム（商品ライセンシングや放送権料、そしてネーミングライツ等の仕組み等）が、営利セクターと非営利セクターの両者を巻き込む形で完成した。それと同時に、アメリカを中心としてプロスポーツが隆盛をきわめ、プロスポーツ・リーグやプロスポーツ・チーム、そしてプロ選手をマネジメントする専門家（GMやエージェント）が必要とされるようになった。同時にスポーツのプロ化は国境と種目を越え、アメリカの四大プロスポーツ（NFL、NBA、NHL、MLB）は言うに及ばず、ヨーロッパでもサッカー、バスケットボール、ハンドボール等のプロ化が進み、陸上、ゴルフ、テニス、F1などのグランプリやツアーなど、世界を転戦するプロスポーツのイベントの数と規模が過去20年の間に飛躍的に拡大した。これによって、スポーツ競技団体やリーグ運営組織、そしてスポーツを取り巻くメディア、施設、スポンサー企業といったステークホルダーの中に、スポーツマネジメントやマーケティングの専門家が必要とされるようになった。

(2) 国際的なスポーツマネジメントの人材需要の高まり

スポーツイベントの発展にともない、その舞台となるスポーツ施設が大型化、複合化、劇場化し、施設マネジメントに求められるスキルが高度化した。その結果、施設を使うプロチームにも、そして年間を通して施設運営を担当する施設マネジメント側にも、集客マーケティングやイベント誘致に携わる専従スタッフが必要となった。このような傾向は、アメリカやドイツなどのプロスポーツ先進国で顕著だが、公共スポーツ施設においてもマネジメントに対する関心が高まりを見せた。

たとえば英国では、1979年に当時のサッチャー政権が行った民営化政策の一環として、公共施設の運営母体を官民競争入札(CCT)によって決めるという制度がスタートした。その結果、公共セクターにおいて、サービスの効率化を目的とした外部委託が盛んになり、施設の委託業務を受けるマネジメントの専門家集団が生まれた。また、施設運営にあたっては、「スポーツ&レクリエーション・マネジメント資格」(Institute of Sport & Recreation Management の認定資格)といったマネジメントに関する資格取得が重要となり、大学における資格取得カリキュラムや民間ベースの講習会が充実した。

このような動きはわが国でも踏襲され、英国のＣＣＴを模して始まった指定管理者制度においても、マネジメントの重要性が認識され始めている。また、総合型地域スポーツクラブにおいても、クラブマネジャーの養成が始まったが、もし自治体が、総合型クラブが指定管理者として自前の施設を保有するという流れを積極的に構想するならば、資格としてのクラブマネジャーの存在は今以上に意義あるものになるだろう。

(3) トップスポーツのパラダイムシフト――企業スポーツから起業スポーツへ

90年代、これまで日本のトップスポーツの屋台骨を支えてきた企業スポーツが揺らぎ始めた。企業スポーツは日本式経営から生まれた独自の仕組みであり、会社は、選手を社員として雇用し、所有するスポーツチームで活躍させ、それを福利厚生や宣伝広告媒体として活用してきた。しかし景気が後退し、経営のスリム化が叫ばれるようになると、皮肉にも、会社が大胆にスリム化に取り組んでいることを誇示する対象として、世間的な耳目を集めやすいスポーツチームが真っ先にコスト削減の対象とされたのである[6]。その結果、90年代初めから現在に至るまで、経済環境が悪化する中で起きた経営のスリム化の大合唱の中で、３００以上の企業チームが廃部もしくは休部に追い込まれた。

その後、企業から切り離されたチームや、自主的に企業から独立したチームの中には、スポンサーを獲得し、ファンクラブや後援会を組織して、スポーツ企業としてクラブ事業化に向けて動き出す組織も出現した。アイスホッケーの「日光アイスバックス」や、今ではbjリーグに所属するが、かつてJBL（現NBL）に所属した「新潟アルビレックス」や「さいたまブロンコス」などがその典型である。

お金の心配をしないでよい企業スポーツと異なり、クラブ事業化をめざすスポーツ企業には、チケットを売り、ゲームを演出し、スポンサーを獲得し、魅力あるチームをつくるクラブ経営の責任者、すなわちGM（ゼネラルマネジャー）が必要となる。Jリーグが先鞭をつけた、クラブ経営のプロを育成しようとするGM講座は、その後広がりを見せ、民間団体や企業によって、多くのマネジメント関連の講座が開催されるようになった。さらに日本サッカー協会はJFAスポーツマネジャーズ・カレッジを開催し、地域スポーツクラブ、Jクラブ、都道府県サッカー協会などの運営に携わる人材を対象に、毎年クラブマネジャーの養成を行っている。GMに関しては、第10章において詳しく述べる。

2・生涯スポーツの時代からマネジメントの時代へ

戦後の日本のスポーツは、大きく①社会体育の時代、②コミュニティスポーツの時代、そして③生涯スポーツの時代、の三つに区分することができる。以下に示すように、それぞれの時代にはスポーツ振興の駆動力となる主たる「担い手」が存在し、政府は担い手の活動を補助金や制度改革によってバックアップしてきた。

戦後のスポーツ振興政策	スポーツ振興の主たる担い手
1 社会体育の時代	行政、企業
2 コミュニティスポーツの時代	行政、企業、地域
3 生涯スポーツの時代	行政、企業、地域、個人＝消費者

1 社会体育の時代

戦後間もない50年代から60年代は、行政がスポーツ振興のイニシアチブをとり、企業がトップ選手を育てた「社会体育の時代」とよぶことができる。日本では、明治期の公教育成立過程より、教育を学校と社会に区別し、それぞれに教育的機能を持たせるという考え方があったが、それが、学校を出た後は、社会が教育として体育活動を提供する「社会体育」という言いならわしとして定着した[7]。住民のスポーツ参加率も低調であったこの時代、スポーツ振興の主たる担い手は〈行政〉と〈企業〉であった。行政は社会教育の一環として、体育・スポーツ施設を各地に建設するとともに、体育指導委員という任命ボランティアを全国に配置し、体育・スポーツ関連のプログラムを地域社会に送り届けた。その一方で企業は、従業員の福利厚生や教育訓練として、労務部・人事部所管の企業スポーツの育成に力を貸し、有力選手を社員として雇用する、日本独自の企業スポーツという仕組みをつくったのである[8]。ただしこの時期の企業スポーツは、現在の広告宣伝のための企業スポーツとは性格を異にする、企業文化に根付いた、企業のためのどちらかといえば内向きの職場スポーツの延長線上にあった。

2 コミュニティスポーツの時代

60年代から70年代になると、日本は高度経済成長期に突入し、経済最優先の社会へと転換した。しかし、働くことが美徳とされる一方で、地域の連帯感の希薄化や生きがいの喪失がクローズアップされるようになった。そこで注目を集めたのが、コミュニティという生活の場を介して、人間連帯の回復を求める手段としてのスポーツの役割である。最初にコミュニティスポーツの振興が掲げられたのは、1973年に経済企画庁が発表した「経済社会基本計画」の中で、コミュニティスポーツは、日本経済の高度成長の中で失われてきた「ふるさと」を再建し、人びとの心のよりどころや連帯感を生み出す地域活動の一環と考えられた。同計画の策定に携わった冨元[9]は、「コミュニティスポーツの環境を整備し、地域住民が気軽に好きなスポーツを楽しみ、心身活動を行うことは、むしばまれつつある現代社会の文明病を未然に防ぎ、失われつつある住民相互の連帯感をとりもどすことに大きく寄与するものと考える。また、資源制約下における今後の国民生活充実の方向としては、資源・エネルギー多消費的でなく、増大する余暇をいかに上手に活用して時間消費的な生活の充実を図るかということは重要である。この意味でもコミュニティスポーツの推進は最もまちがいのない安全で確かな一つの方策として期待できるものである」と政策的な重要性をアピールした。

ここにいたって、〈行政〉と〈企業〉という社会体育の担い手に、新たに〈地域〉という要素が加わった三位一体の構造が完成したのである。これ以降、行政主導から地域主導あるいは住民主導という流れが生まれ、スポーツ振興の軸足が地域に移行した。

3 生涯スポーツの時代

80年代以降になると、さらに新しい担い手が加わる。それがスポーツ消費者とよばれる〈個人〉である。その背景には、「労働」の対比概念としての「余暇」の善用（たとえば地域でのスポーツ参加や生きがいづくり）を謳うコミュニティスポーツを、「生まれてから学校期を含め生涯にわたりスポーツに親しみ、健康で幸せな人生を送るライフスタイルを体得する」[10]ための生涯スポーツへと転換させた大きな時代の流れがある。生涯スポーツにおいては、労働vs余暇、あるいは職場vs地域という対比論は意味を失い、クオリティ・オブ・ライフ（生活の質）やライフスタイルという生活全般領域へのスポーツライフの浸透という高い視点が重要度を増す。その結果、生涯スポーツの時代においては、自己の効用を最大化するために行動する、スポーツ消費者としての個人の選択が重要な関心事となる。

地域スポーツの活動は、コミュニティ活動であるがゆえに、クラブの決まりごとに縛られ、集団の決定が優先されるなど、個人の自由度が抑制される。それよりもむしろ、フィットネスクラブのように、個々人が、それぞれの便益（ベネフィット）を求めて、好きな時間に自由に参加できる活動が好まれる傾向にある。総合型地域スポーツクラブに入会するのも、Jリーグの試合を見に行くのも、スポーツボランティアとしてイベントに参加するのも、それは個人の自由意志である。彼ら（彼女ら）は、自由時間に自発的にスポーツに参加するホモ・ルーデンス（遊ぶ人）であり、かつ時間、金、個人的エネルギーを合理的に消費し、効用を最大化するために行動するホモ・エコノミクス（経済人）でもある。「する」「見る」「支える」スポーツなど、スポーツへの関与形態も多様化するとともに、選択できるスポーツサービスの幅が広がった現在、スポーツ消費者としての個人の選好や行動の理解なくしては、スポーツ政策を実行に移すことは困難である。よって「生涯スポーツの時代」は、〈行政〉〈企業〉〈地域〉に加え、〈個人＝スポーツ消費者〉がスポーツの担い手として存在感を増した時代ということができる。

4 そしてスポーツマネジメントの時代へ

生涯スポーツの時代に続くのは、スポーツを事業としてとらえ、事業の効果と効率を最大化し、利益の最大化や使命（ミッション）の遂行といった組織目標を達成するためのマネジメントに注目が集まる時代である。前述した、スポーツマネジメントが普及した三つの理由以外にも、財政支出の抑制と民間活力の導入という地方行政の流れの中で、①指定管理者制度の導入による公共施設の民間セクターへの運営委託、②公共サービスを補完する事業としてのスポーツＮＰＯへの支援、③総合型地域スポーツクラブに必要とされる会員確保（メンバーシップマネジメント）、指導者確保（ボランティアマネジメント）、財源確保（ファイナンスマネジメント）等を円滑化するためのクラブマネジャーの育成、④地域を元気にするコミュニティビジネスとしての地域密着型プロチーム・クラブの増加と行政による補助金や減免措置等の財政的支援など、マネジメントの重要性が認識される場面が増えてきた。実際④についても、２０１５年現在、プロサッカーのＪリーグやプロバスケットのbjリーグのチーム数はそれぞれ52と24に増え、トップスポーツと地域スポーツ振興の両側面において、重要な役割を果たすようになっている。

生涯スポーツからスポーツマネジメントへのパラダイムシフトは、スポーツが、サービス財や経験材として、市場で自由に取引される時代を迎えたことを意味する。スポーツ消費者としての個人が、自由時間に自発的に、社会的価値や快楽を求めて、スポーツに参加し、スポーツを観戦し、スポーツを支えるのである。もちろん、公共サービスとして、スポーツをする権利を行政が阻害してはいけない。最低限の受益者負担でスポーツを楽しむ機会が保障されつつ、総合型地域スポーツクラブへの入会に際しては、クラブ財の購入というプラスアルファの支出を求め、民間フィットネスクラブでのエクササイズやプロスポーツ観戦は市場原理に委ねることが重要であろう。

いずれにせよ、体育・スポーツの世界へのマネジメント思想の浸透は、準公共材として行政から支援される補助金や減免の有効活用や、民間セクターからの経営資源の獲得（たとえばスポンサーシップ）には不可欠である。

3・ボランタリー社会におけるスポーツマネジメント

1 ボランタリー社会について

ボランタリー社会とは、住民一人ひとりの主体的な社会への参加によって支えられる成熟した社会のことで、何物にも強制されず、所属の自由が保障され、個人の努力が報われる。そのような社会では、自由が擁護される一方で、人びとの自発性や主体性が重んじられるなど、個の確立が重要となる。田尾[11]によれば、ボランタリズムには古典的な定義として「自発性」「無償性」「利他性」の3要素があるが、新しい考え方では、これらの要素に加えて、自発的であるがゆえに自由な発想が許される「先駆性」、完全ではない公共サービスを補う「補完性」、そして個人にとっての生きがいに通じる「自己実現性」といった要素が必要となる。それゆえボランタリー社会とは、個人が自己実現に向かって能動的に社会の変革や向上に自発的に取り組むことができる社会と定義することができる。ただし、そのような社会には、ボランタリズムの価値観が定着し、互助の社会をつくるための倫理システムが機能していなければならない。

日本では、1995年の阪神淡路大震災を契機としてNPO法が施行され、ボランタリズムに対する理解が深まったが、このような社会の精神的な枠組みを変える動きと、人びとの地域回帰を促進する動きが、人びとのボランティア精神とベンチャー精神を涵養《かんよう》する社会風土を生み出したこともまた事実である。地域が主体的に取り組む総合型地域スポーツクラブづくりや、地域に密着したトップスポーツのチームづくりに対する情熱の発露は、日本のボランタリー社会化と無縁ではない。

2 ボランタリー社会に育つコミュニティビジネス

細内[12]によれば、コミュニティビジネスとは、住民主体の地域密着ビジネスであり、必ずしも利益追求を第一としない、適正規模、適正利益のビジネスである。それゆえコミュニティビジネスに従事する人は、ボランタリー精神とベンチャー精神に富み、グローバルな視野を持ちながら、ローカルに行動できなければならない。

その背景には、日本社会が、ボランタリズムを受容できる成熟度と、個人が選択権を行使できる余裕度を持つにいたったという現実がある。個人がスポーツを享受できる権利が付与された社会では、会費を払ってフィットネスクラブに通うことができるし、仲間を募って、地域でテニスクラブをつくることもできる。さらに、地域の活性化をめざすために、地域密着型のプロスポーツづくりに乗り出すことも可能である。要は、社会に参画していくという気運が、地域の中で醸成されていることが大切である。主体性を持った個人の参加意欲や参加意識が問われるボランタリー社会では、先駆性、補完性、自己実現性といった、価値創造をともなう自発的なスポーツ関与が可能となった。

２０１４年６月末の時点で、４万９１６５にまで増加した特定非営利活動法人（ＮＰＯ）の認証法人数などは、ボランタリー化した社会を数字で示すひとつの例であるが、スポーツの世界でも、総合型地域スポーツクラブへの補助金制度の導入、指定管理者制度導入による民間事業者への門戸開放、そしてスポーツボランティアの普及といった制度面での改革が、内発的な地域イノベーションを誘発する駆動力となっているのも事実である。

Ｊリーグがもたらした、企業チームから地域密着型クラブへというパラダイムシフトは、コミュニティビジネスとしての地域密着型クラブの育成を促した。２００８年シーズンだけを見ても、bjリーグに参入する滋賀レイクスターズや、ＪＦＬからJ2に昇格するＦＣ岐阜やロアッソ熊本のように、大企業をバックに持たない、しかし地域主導型のプロクラブが離陸する。企業とボランティアの中間領域（細内、２００５）に位置するコミュニティビジネスは、地域全体で取り組む事業であり、多くの住民の参加が必要となるが、それには、個人のボランタリズムに対する価値意識の醸成が必要となる。サポーターグループの形成や後援会組織への入会、ボランティアとしての試合運営へのかかわりなど、地域密着型プロクラブには、多くのボランティアの関与が不可欠となる。十分条件としてのコミュニティビジネスを導くには、必要条件としてのボランタリー社会の形成が不可欠なのである。

4・スポーツが誘発する地域イノベーション

1 イノベーションの概念

シュンペーター（Schumpeter, J. A.）は、経済活動の中で生産手段や資源、労働などを今までとは違う方法で新結合して価値を生み出すことをイノベーションとよんだ。イノベーションは、単なる技術革新ではなく、それよりも広い。

イノベーションとは、人の能力の所産である知を創造し、活用することによって新たな価値を生み出す活動（創意工夫）であり、その結果は独創的で、停滞の連鎖にブレークスルーを生む可能性を持っている[13]。そこには、新しい技術の発明や導入だけでなく、社会的に意義のある新たな価値を創造し、大きな変化をもたらす人・組織・社会等の、目に見えないシステムやものの見方に対する革新も含まれる。

たとえば企業経営の場合、恩蔵[14]が指摘するように、新商品や新サービスの開発に限らず、画期的なビジネス・プロセスやオペレーションの考案といった、サービス・デリバリー・システムやプロダクト・アイデンティティの刷新までもが含まれる。彼は、スターバックスはコーヒーショップにイノベーションを引き起こし、オートバイテル・ドットコム（現オートトックワン）は自動車販売にイノベーションをもたらしたと例をあげた。また旧来の商品やサービスに、新しいアイデンティティを付与して、これまでにだれも実践してこなかったイノベーティブなサービスを提供することで「バリュー・イノベーション」を実現し、新規の顧客（ブルーオーシャン）を取り込むことも可能となる[15]。たとえば、サーカスという旧商品を、動物の曲芸を使わず、演者としての人間に重きを置き、芸術性の高いパフォーマンス商品に仕立てた「シルク・ド・ソレイユ」は、サーカスの世界にイノベーションをもたらすとともに新しいファン層を開拓した。

2 スポーツと地域イノベーション

イノベーションを引き起こす源泉は、イノベーション主体とよばれる。企業の場合は、新しい商品、新しいサービス、新しいオペレーション、あるいは技術型ベンチャーや産学連携などの仕組みがそうであるが、スポーツの場合も、新しい種目（たとえばノルディック・ウォーキング）、新しい施設（スタジアム等）、新しい組織（地域密着型プロスポーツクラブやファンクラブ等）、新しいリーグ（独立リーグ等）、新しいネットワーク（トップスポーツの連携）、新しいメガ・スポーツイベント（オリンピック等）など、地域に革新的な変化をもたらす主体にはこと欠かない[16]。

これらのイノベーション主体は、さらなるイノベーションの連鎖を地域に誘発する。それが地域イノベーションであり、社会制度や政策といったマクロレベル、地域コミュニティや社会組織といったメゾレベル、そして住民や消費者といったミクロレベルで起きる幅広い現象と考えることができる。

たとえば全国4000箇所、約4000億円市場に成長した会員制フィットネスクラブは、手軽に健康づくりが楽しめる場所として、人びとの生活習慣の中に定着した。93年にスタートしたJリーグは、地域住民にプライド（誇り）と、スポーツ観戦という健全なレジャー機会をもたらしつつ、一方で子どもに夢と希望を与えた。日本のサッカー界では、プロ化がきっかけになって多様な主体間連携が生まれ、そこから旧来のシステムや慣習が打破され、事業力の増大がさらなるイノベーションの連鎖を生み出した。その結果、客体としての地域に多様なイノベーションが誘発されたのである。

Jリーグが誘発した最大のイノベーションは、どのような地域にでも、コミュニティビジネスとしての地域密着型プロクラブをつくり、実力次第でJリーグにまで上り詰めることができるという、プロスポーツの民主化を実現したことである。カルテルを組み、新規参入がほぼ絶望的なプロ野球に比べ、Jリーグでは、地域リーグから社会人リーグ、そしてJ2、J1へと階段を駆け上がることが可能な一気通貫システムが構築されている。さらに地域名がチーム名になる公益性の高さと、百年構想で掲げたミッションの崇高さが自治体の共感と協力を生み、ユース育成や地域貢献活動における組織間連携を活性化するのである。

地域密着型のプロスポーツチーム・クラブは、公益性の高いミッションを持つ社会的企業としての役割を果たしているが、その訴求力は、事業規模に比べてはるかに大きい。たとえばJリーグクラブの場合、経営規模はＪ２の最小で年間５億円、Ｊ１の最大で60億円程度である。５億円といえば、コンビニエンスストア１店舗当たりの年間平均売上高が約２億円なので、２～３店舗分の売上に過ぎない。しかし、社会に対する訴求効果や存在意義は、コンビニエンスストアのそれを凌駕する。何万人というファンの数や、クラブを支える協賛企業、そしてボランティアなど、地域の期待を背負う〈社会的スポーツ企業〉としての存在感は大きい。

地域イノベーションの実現には、「新たな知の創出・蓄積が主要な競争基盤になり得るが、その競争優位性は新規性・進歩性の上に成り立っているので、これを維持するためには、イノベーションの主体である〈イノベーター〉（知的活動者）〉の不断の努力、精力的な活動が必須であり、それには個々に内発するエネルギーのみならず、相互間の協調、連携による相乗効果や競争による刺激が絶えず求められる」[17]と指摘されるように、イノベーションを推進する個人やグループの存在と、個人間やグループ間の絶え間ない競争・刺激・連携が重要となる。

3 スポーツと地域イノベーションを阻害する要因

しかしながら、主体・客体にかかわらず、イノベーションが起きにくい体質を持っているのも、スポーツの特徴である。スポーツに関係した地域イノベーションを阻害する要因として、以下の三つが考えられる[18]。第一にスポーツが持つ多面的、多層的な構造がある。スポーツには多くの種目団体が、草の根スポーツからプロスポーツまでさまざまなレベルで存在し、ネットワークは複雑に入り組んでいる。そのため、組織間の協力や信頼関係の構築、そして知識の蓄積・共有など、地域でのイノベーションを誘発するだけの組織的な密着感が希薄である。また、地方政府の縦割り行政やそれに付随するさまざまな規制が、地域イノベーションの急速な普及を阻むことがある。たとえば、プロ野球のロッテが千葉に移転したが、都市公園内にある千葉マリンスタジアムでは移転当初、都市公園法によって周辺での商業行為が規制され、そのため賑わいの創出にも結びつかず、結果として地域に起きたイノベーションは軽微であった。目に見えるイノベーションが起きたのは、ロッテがスタジアムの指定管理者になった2006年以降のことである。

第二に、スポーツ界における企業家精神の欠如である。本来ならば、イノベーションの担い手となるスポーツ関係者がイノベーターにはならず、むしろ阻害要因になっているケースが多い。その結果、組織運営の変革がいっこうに進まず、百年一日のごとき世界が常識化している。スポーツ組織は、体育会的な風土の強い共同体組織が多く、年長のボスザル的な人物が長い間組織に君臨することが多い。そのため、情報が共有されることもなく、現体制の延命が組織目標になってしまうことがある。

第三は、イノベーションの浸透を阻害する既存制度の硬直化である。たとえば、わが国のスポーツ振興の中核をなす体育指導委員制度とスポーツ少年団は、それぞれ1957年と1962年に制度化されたもので、半世紀近く大きな改革が行われてこなかった。体育指導委員は、2012年に策定された「スポーツ基本計画」によって「スポーツ推進委員」に名称が変更されたが、準公務員という任命ボランティアとしての身分や、担うべき仕事の役割、新しい人材の発掘と育成といった課題は未解決のまま残されている。今後のスポーツ推進委員については、体育・スポーツの指導に加え、地域スポーツ振興のコーディネーターとして、マネジメント能力を重視する方向へと役割の変化が求められる。

【引用文献】

(1)『スポーツマネジメントの源流』は、原田宗彦「スポーツマネジメント」体育の科学、57(1)：４-８頁、２００７年に加筆修正を加えたものである。
(2) Lewis, G. "Successful sport management. Virginia" The Michie Company, 1985.
(3) Mullin, B. S., Hardy, and W. A. Sutton "Sport marketing. Champaign, IL." Human Kinetics, 1993.
(4) Milne, G.R., and M. A. McDonald "Sport Marketing: Managing the exchanged process" Massachusetts Jones and Bartlett Publishers, 1999.
(5) 山下秋二・原田宗彦編『図解スポーツマネジメント』大修館書店、２００６年。
(6) 原田宗彦「経済教室」日本経済新聞、２００６年5月3日朝刊。
(7) 鈴木敏夫「北海道における地域スポーツの成立と社会体育」北海道大学教育学研究科紀要、第１０１号、２００７年3月、19-48頁。
(8) 澤野雅彦『企業スポーツの栄光と挫折』青弓社、２００５年、88頁。
(9) 冨元国光「国民生活とコミュニティスポーツ」新体育、１９７４年12月、９０２頁。
(10) 日本体育学会監修『スポーツ科学辞典』平凡社、２００６年、３８７頁。

(11) 田尾雅夫『ボランティアを支える思想』アルヒーフ、2001年。
(12) 細内信孝『地域を元気にするコミュニティビジネス』ぎょうせい、2001年。
(13) 文部科学省・科学技術政策研究所「地域イノベーションの成功要因及び促進政策に関する調査研究」DISCUSSION PAPER No.29, 2005.
(14) 恩蔵直人『コモディティ化市場のマーケティング論理』有斐閣、2007年。
(15) キム・チャン&モボルニュ・レネ『ブルー・オーシャン戦略』ランダムハウス講談社、2005年。
(16) 前掲書(5)の中で、山下は、新しいスポーツとして普及の目覚ましい「ウォーキング」を、スポーツ実践者が持つ問題を解決するための新しい方法、すなわちスポーツイノベーションとしてとらえ、他のスポーツよりも優れているという「相対的有利性」、健康習慣価値との「両立性」、すぐに試すことのできる「試行可能性」、そして成果が目に見える「観察可能性」がプラスに働くと、イノベーションの普及速度が速まると指摘した。
(17) 前掲書(13)、5頁。
(18) 原田宗彦『原田ゼミのスポーツビジネス入門：ボランタリー社会と地域イノベーション』月刊体育施設、2008年3月号：50‐52頁。

（原田宗彦）

第2章 スポーツマネジメントの発展

1・スポーツとメディアの関係

1 みるスポーツとしてのスポーツの特徴

2014年のソチオリンピック大会の浅田真央選手のシングルフリープログラムを覚えているだろうか。前日のショートプログラムでまさかの大失敗。最後の試合となるかもしれない浅田選手の演技を固唾《かたず》を飲んで見守った。そして、パーフェクトな演技。その後のニュース番組で何度もそのシーンが放映されるものの、まったくあの瞬間の感動とは比較にならない。もう新鮮味がないからである。これは映画の結末を聞いてしまってからではその映画を見たくない心境に似ている。スポーツはやはりライブ感、その瞬間の感動が重要だ。大切なのは情報の送り手のタイミングよりも、受け手にとってのタイミング（新鮮味）のほうである。しかし、個人の生活パターンは多種多様であり、どのようにスポーツ情報を受け手が得るのかも多種多様である。一刻も早く結果を知りたい者もいれば、楽しみにしている（録画された）スポーツテレビ放送の前に試合結果をあえて知りたくない者もいるはずである。よって、送り手であるテレビ局も、その番組のスポンサー企業も、録画番組の放送のタイミングには大変気を使っている。たとえば、ＬＰＧＡ（女子プロゴルフ協会）の試合のインターネットによる結果報告などは、試合のテレビ放送が始まる前に必ず途中で中断され、放送終了後に最後の結果報告とともに再開される。スポーツでは、伝える（送り手であるメディアが受け手であるスポーツ消費者とコミュニケーションする）タイミング（新鮮味）がとても重要なのである。

そこでここでは、スポーツ情報がどのように伝えられていくのかを理論的に理解することにしよう。送り手となるスポーツ情報提供者（メディア）、そしてそれを受ける側の視聴者（あるいはスポーツ消費者）がどのようなコミュニケーションを行うかに注目して、スポーツとメディアとの関係を考えていくことにする。

2 戦略的スポーツコミュニケーションモデル

図1は、スポーツマネジメントにおけるコミュニケーションのプロセスを示したものである。スポーツにおけるコミュニケーションプロセスとは、送り手（スポーツにおけるマスメディア）と、受

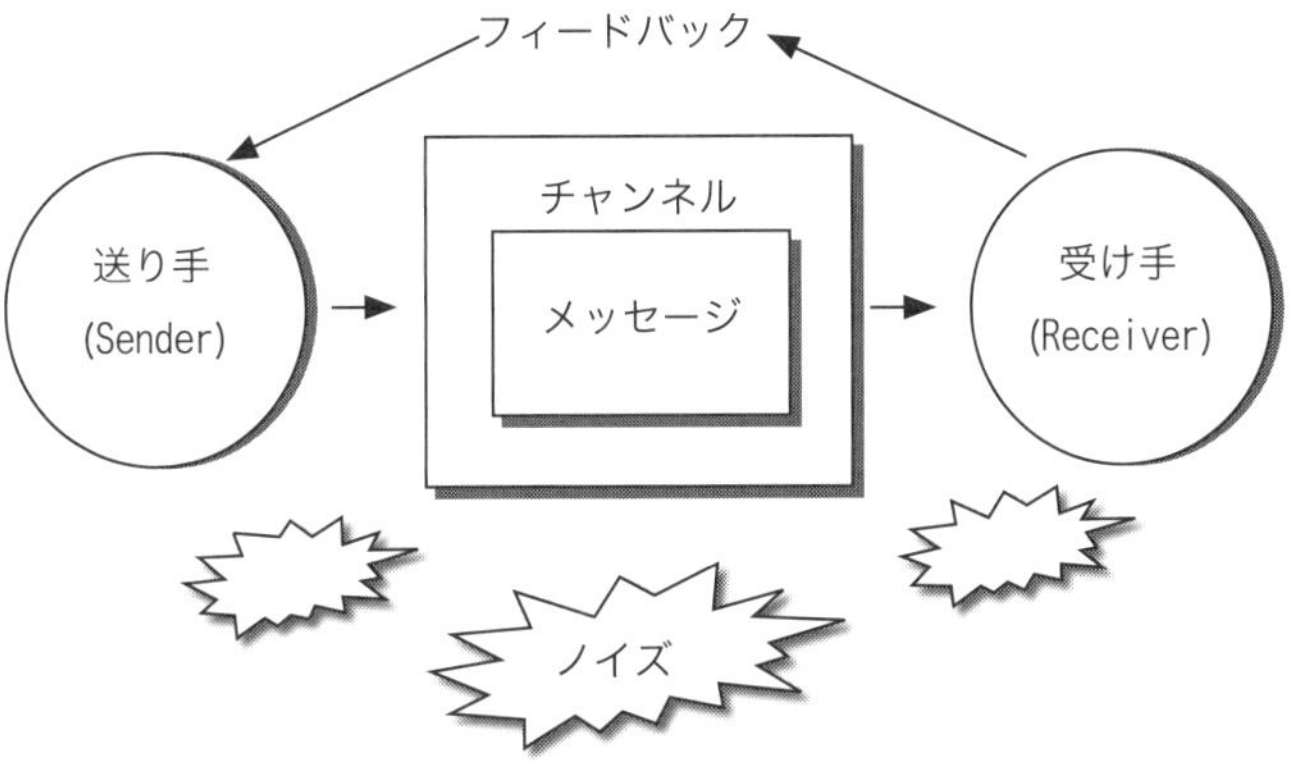

図１　コミュニケーションプロセス

出所：Parks, J. B., Quarterman, J., & Thibault, L., "Contemporary Sport Management" 2007, p.246.

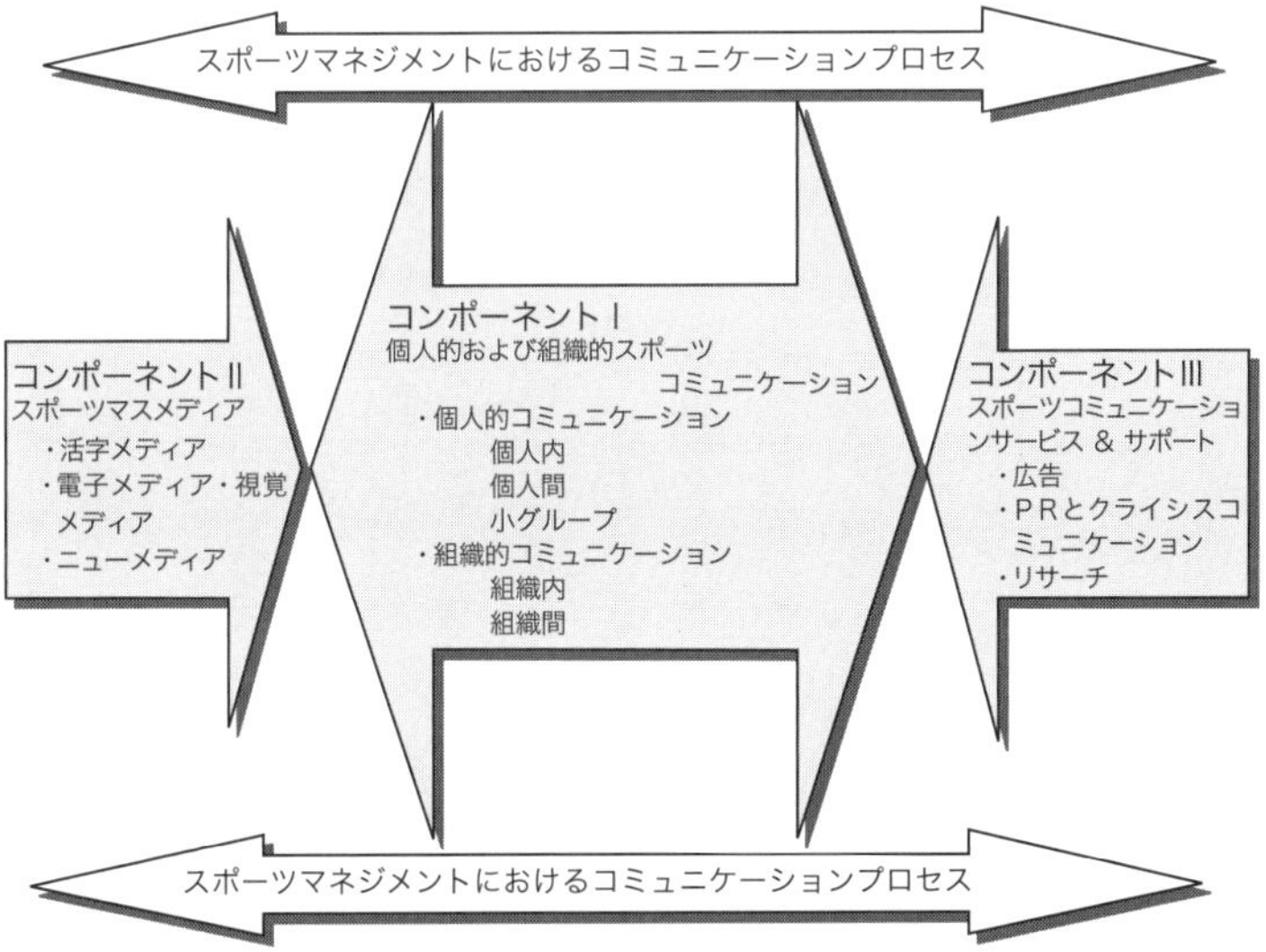

図２　戦略的スポーツコミュニケーションモデル（SSCM）

（Pedersen, P. M., Miloch, K. S., & Laucella, P. C., 2007）

け手（個人や組織）が、意味のあるメッセージを共有し合うプロセスのことである[1]。

図2は、ペデルセン（Pedersen, P. M.）ら[2]によって紹介された戦略的スポーツコミュニケーションモデル（The Strategic Sport Communication Model: ＳＳＣＭ）である。

まず、このＳＳＣＭにおける第一の構成要素を理解するうえでは、個人的および組織的なスポーツ・コミュニケーションがどのように行われているかに注目することが重要である。個人的なコミュニケーションには、個人内のコミュニケーション（自分の中だけで行うもの）と、自分と他人との対人間に起こるコミュニケーション、そして小さなグループでのコミュニケーションの三通りが考えられる。そして、組織的なコミュニケーションには、個人的コミュニケーションの場合と同様に、組織の中だけでのコミュニケーションと、他の組織とのコミュニケーションの二つの場面が考えられる。

第二の構成要素は、スポーツ・マスメディアである。このメディアはかなり多様化してきたが、大きく分けると、①活字メディア（新聞、雑誌、通信社、スポーツ関連の本）、②電子メディア（衛星やケーブルを含むテレビ、ラジオ、映画）、③ニューメディアとしてのインターネット、最新テクノロジー（Emerging Technology：例・携帯情報、ブログ、オンデマンド・ビデオなど）の三つに分けられる。

そして、最後の構成要素は、サービスとサポートである。これには、①広告、②パブリックリレーション（ＰＲ）とクライシス・コミュニケーション（危機管理的な意味でのコミュニケーション）、そして③リサーチ、という三つが考えられる。

3 スポーツとメディア

(1) 活字メディア

図2には、SSCMの第二の構成要素であるスポーツ・マスメディアとして、①活字メディア、②電子メディア・視覚メディア、③ニューメディア（インターネットや最新テクノロジー）が記されているが、その中でもこれまでスポーツの発展を支え続けてきた活字メディアの役割は大変に重要である。とくに新聞は、高校野球、そしてプロ野球に深く関与するなど、20世紀の日本のスポーツの発展に大きく寄与してきたといえるだろう[(3)]。また、新聞社の運営するインターネットやジャーナリストの個人的なブログを介してのスポーツ報道を③ニューメディアに分類すれば、活字メディアは、リアルタイムでの報道という点においては弱点は否めないが、テレビやラジオの報道枠時間内では収めることのできない内容を網羅できるのが大きな利点である。

また活字メディアは、社会的な批評という意味でも重要な役割を果たしている。試合結果の報道だけではない人間ドラマをさまざまな視点でとらえ、大衆にメッセージとして伝達（コミュニケーション）し、また読者のコーナーなどを設け、情報の受け手からのフィードバックを大切にするという双方向のコミュニケーションを行っている。また、映像では伝えることのできない仔細な情報を伝えることも可能である。極端な例であるが、イスラムの女性がスカーフをはずした状態で行っているスポーツ活動を映像で報じることは禁止されている場合でも、活字メディアならば報道することが可能である。

(2) 電子メディア

電子メディアにはテレビ、ラジオなどがあげられるが、スポーツを飛躍的に変革してきたものはやはりテレビであろう。たとえばメディアの価値を計る指標ともいえるオリンピック大会の放送権料をみると、アメリカのNBCが2032年までの米国向け放送権を一括で獲得し、IOCに支払うその額は、夏、冬の計6大会とユース五輪合わせて76億5千ドルである[4]。ロサンゼルス五輪から始まったといわれるスポーツのビジネス化は、このテレビの放送権料の高騰とともに大きく発展してきた。

FIFAのワールドカップの放送権料の高騰も同様である。FIFAの放送権料の入札方式への切り替えなどにより、それは大きく跳ね上がった。1998年ワールドカップフランス大会では6億円であった放送権料が、2014年ブラジル大会では400億円と膨れ上がった[5]。これには、電通が、FIFAの放送権をコントロールするインフロントという国際的なスポーツマネジメント会社と、合弁会社(Football Media Services Pte, Ltd:本社はシンガポール)を設立し、タイを除くアジア全地域でのFIFAワールドカップを含む2007年から2014年までのFIFA主催試合のテレビ・ラジオ・インターネット・モバイルなどのすべての放送権販売を行う権利を獲得したという状況もある(6)。

スポーツと放送権はもうオリンピックとサッカーに止まらない。あらゆるスポーツのこの権利を先に買い取ることで、スポーツビジネスの支配権を所有することができる。スポンサー企業への販売ができない場合のリスクを負いながらも、売れるスポーツ（テレビの視聴率を取れるスポーツ）に大きく傾倒していく傾向はますます強まるものと思われる。

これらの急激な変化はスポーツ組織の内部体制にも影響をもたらす結果となり、それぞれの放送権を管理するＩＯＣやＦＩＦＡのマーケティング部門の販促活動は、従来とはまったく異なった様相を見せている。

(3) ニューメディア（インターネットや最新テクノロジー）

われわれはユビキタス社会の中で、どこでも、いつでも好きな情報を入手することができる。たとえば、コンピュータ上でテレビを凌ぐ映像と情報の両方をリアルタイムで世界中のどこからでも得ることができる。ニューメディアが、これからのスポーツの世界をさらに発展させていくメディアであることは確かであろう。

ここで重要なのは、送り手（メディア側）はどんなコンテンツをどれだけのコストで送れるのか、また多様化する受け手側のニーズにそれは見合っているのかを検証することであるが、この分野のリサーチはまだ発展途上といえる。ＳＳＣＭに示したように、そこではどのようなコミュニケーション（どんな受け手に対してどのような送り手がコミュニケーション）をしているのかを明確にしたうえで、どのメディアを媒体として、どのような広告を行い、有効かつ効果的なスポーツ・コミュニケーションを実現していくかが重要である。

2・スポーツと人的資源(Human Resource)の関係

表1は、アメリカのプロフェッショナルスポーツ選手の年俸と米国の世帯当たりの平均年収の年代的な推移を表したものであり、アメリカのプロスポーツ選手の年俸が1990年以降急激に高騰している様子がわかる。こうした状況の中で、MLBに移籍する日本のプロ野球選手の推定年俸も高騰している。1995年にドジャーズに移籍した野茂英雄選手は年間210万ドルであったが、2012年にヤンキースに移籍した田中将大選手の場合は年間2200万ドルと、およそ10・5倍に達している[7]。これらの移籍はエージェントとよばれる代理人が仲介し、球団のスカウトたちによって計算された評価について選手の代理として球団側と交渉し、仲介手数料を受け取っている。

プロスポーツでは成果指標を用いて年俸等を試算した結果、このような高額年俸となるわけであるが、一般のスポーツ組織ではまずはどのような人材をリクルートし、彼らの仕事をどう評価し、そして組織の目標達成のためにコミットしてもらうのであろうか。この仕組みについて考えよう。

図3はスポーツ組織の人的資源のマネジメントのモデル[8]を示したものである。スポーツ組織は

表1　アメリカのプロフェッショナルスポーツと米国の世帯当りの平均年収（単位：US$）

	プロフェッショナル・スポーツリーグ						
年	NFL	NBA	WNBA	NHL	MLB	MLS	米国人平均
1950	15,000	5,100		5,000	13,300		4,000
1960	17,100	13,000		14,100	19,000		5,620
1970	23,000	40,000		25,000	29,300		9,867
1980	79,000	190,000		110,000	143,000		21,023
1990	395,400	824,000		247,000	598,000		35,353
2000	116,100	3,600,000	60,000	1,050,000	1,988,034	100,000	50,732
2004/05	1,330,000	4,500,000	51,770	1,434,783	2,632,655	64,934	53,500
2012	1,900,000	5,150,000	72,000	2,400,000	3,200,000	156,124	51,017

注：日本人給与所得者一人当たりの平均給与は2013年で409万円（およそ$37,636：1$ = 110）。
http://www.nta.go.jp/kohyo/tokei/kokuzeicho/minkan2012/pdf/000.pdf
（Coakley, J.（2007）Sports in Society（Ninth Edition）, p.391, McGrraw Hill）
http://www.forbes.com/sites/monteburke/2012/12/07/average-player-salaries-in-the-four-major-american-sports-leagues/
http://www.census.gov/prod/2013pubs/p60-245.pdf

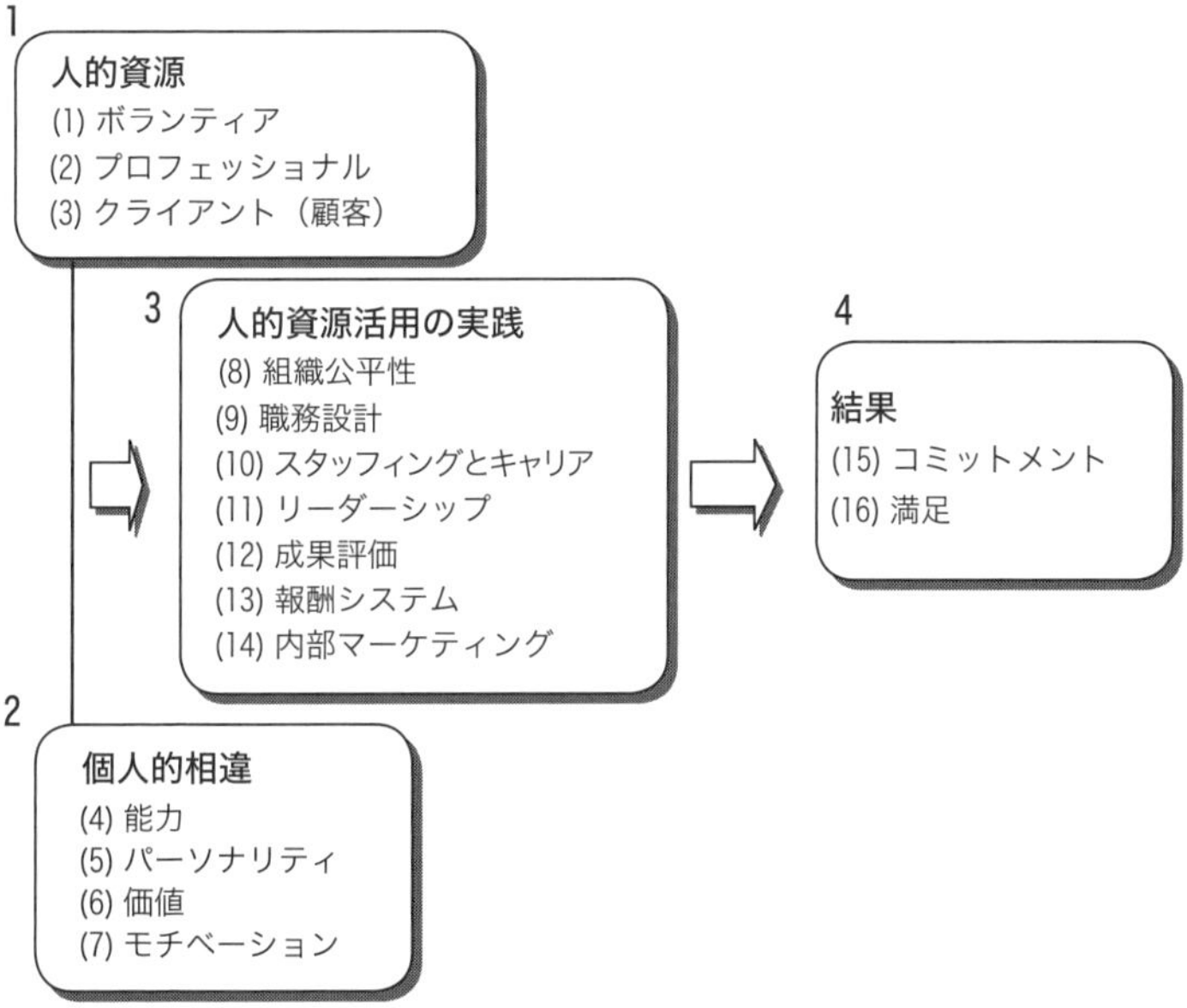

図3　スポーツ組織における人的資源マネジメントのモデル

（Chelladurai, P., 2001）

ユニークなプロダクト（サービス）を提供している。

1 スポーツ組織における人的資源

図3の1のボックスに示したのが、スポーツ組織のプロダクト（サービス）を生産する人材である。一般のスポーツ組織の場合は、ボランティア（自発性、自前主義、無報酬を原則とする人材）をいかに活用できるかが重要である。また、有給のプロフェッショナル（本物、本質性、複雑性を備え、自治権を持っている人材）の存在によって、組織の安定感がまったく異なってくるのは当然である。さらには、スポーツ組織がサービスを受ける側の顧客（クライアント）がどのような人たちであり、それぞれの顧客の満足をどうかなえるのかを考えることも重要になってくる。

2 個人的な相違

図3の2のボックスは、個人的な相違にかかわる要素である。まず能力をあげることができる。個人にはさまざまな能力（Ability）があり、それは千差万別である。これらのさまざまな種類の能力を理解したうえで、それぞれの個人の違いを把握することがマネジメントする者にとって重要である。また、個人のパーソナリティ（個性）を知ること、そしてその個性を生かすこともマネジメントでは大切である。

さらに、価値（Value）も個人でさまざまに異なることも知る必要がある。同じサッカーを行うにも、競技性をきわめるために行うサッカーに価値を感じる者、また勝敗にかかわらずに楽しくプレーするレクリエーションタイプのサッカーに価値を感じる者など、スポーツに見出す価値は一人ひとりで異なり、多種多様である。ここで重要なのは、スポーツを行ううえでその価値は同等であることを理解することである。

もう一つの要素は、動機づけ（モティベーション）である。心理学ではこのモティベーション理論が数多く紹介されている[9][10][11][12]。これらの理論では、働く者は彼らの仕事の成果から直接に内的な報酬を受けるものであると提言している[8]。マネジメントする者がいかにこの理論を理解し、応用できるかが鍵といえよう。

3 人的資源活用の実践に必要な要素

図3の3番目のボックスは人的資源の活用に関する要素である。これらの構成要素は、組織の公平性、職務設計、スタッフィングとキャリア、リーダーシップ、成果評価、報酬システム、内部マーケティングの七つである。

これらの要素はスポーツに特化した内容ではないが、1の人的資源（ボランティア、有給プロフェッショナル、顧客）のマネジメントを実行するうえで、必要な要素である。また、その実施においては必ず考慮すべき点として、2で示した個人的な相違（能力、個性、価値、モティベーション）という要素がある。これらを組み合わせて人的資源のマネジメントを行うことにより、最後に4の結果が現れることになる。

4 人的資源マネジメントの結果

そのスポーツ組織の目標であるチーム優勝、あるいは毎試合で3万人の観客を確保するなどという組織としての目標を達成するためには、スポーツ組織が取り扱う人的資源が、ボランティアなのか有給ボランティアなのか、それとも顧客（クライアント）なのかをしっかりと見きわめたうえで、それぞれの個人的な相違をしっかりと考えながらマネジメントを実施する必要がある。

しかし人的資源のマネジメントがうまくいって、そのスポーツ組織の目標が達せられたとしても、そのスポーツ組織にかかわったボランティア、有給プロフェッショナル（有給正社員）、観客あるいはチームのファンが、翌年も継続してそのスポーツ組織（チーム）に、今年と同じように、あるいは今年以上にコミットしてくれるかどうかは不明である。したがって、組織の活動を継続するためにはどうすれば持続可能なコミットメントが得られるのか、また、どうすればそれぞれの人たちを満足させられるのかが重要となる。

これらの結果を得るためのリサーチの一つとして、フィットネスクラブの従業員の職務満足測定[13]、アスリートの満足測定[14]、コーチの職務満足測定[15]などが開発されている。それぞれの満足度を測定することにより、この最終段階の結果（コミットメントと満足）からのフィードバックを行うことも、重要なスポーツ組織のマネジメントの役割である。

3・スポーツとダイバーシティ

❶ダイバーシティ

多様性と訳されるダイバーシティ（Diversity）という言葉は、「相違や類似として特徴づけられる項目の混合体である」[16]、「個人的な人間の違いである」[17]、また「ダイバーシティは明らかに異なった、社会的に関連したグループ属性を持つ社会システムの中に居る人びとの混合である」[18]などと、さまざまに定義されている。スポーツの国際化が進む中では、この言葉を知らずしていろいろな問題に対処するのが困難なほどのキーワードとなっている。ところが残念ながら、島国である日本ではなかなかこの概念が広がらない。

最近、ダイバーシティという概念が顕在化したのは、2014年韓国の仁川（インチョン）アジア大会でバスケットボール女子カタール代表が、イスラム教徒の女性が髪などを覆う「ヒジャブ」の着用を認められなかったため、試合をせずに帰国してしまった問題においてである。ヒジャブの着用は、国際バスケットボール連盟の規定に抵触すると判断されたため参加辞退となった[19]。しかし、多様性を受け入れるという観点からはこのヒジャブ着用は認められるべきものであり、サッカーや重量挙げでは認められている状況がある。

また、ＩＯＣが１９９６年から提唱している、スポーツ組織の意思決定機関に占める女性の比率の増加に関する課題も、日本では話題に上がることが少ない。女性が最大限にかかわることのできるスポーツ文化を構築することを謳ったブライトン宣言が出された１９９４年以降、世界中の女性スポーツの環境は大きく変化してきている。さらには、２００３年には、ＩＯＣが国際パラリンピック委員会（ＩＰＣ）との協定を結び、以来、パラリンピック大会開催のための資金援助をしたり、相互の委員会に委員を任命したりしていて、スポーツにおける障害者に対する考え方も変化している。

カニングハム（Cunningham, G. B.）[20]も、これまでのスポーツ組織におけるダイバーシティ研究を"Diversity in Sport Organizations"としてまとめ、今後のスポーツマネジメントにおいては、さまざまな社会的な変化とともにダイバーシティの価値を評価し、それをマネジメントするという考え方がますます重要になると述べている。

2 ダイバーシティの分類

ダイバーシティは、表面レベルで観察が可能なものと、深層レベルで観察が不可能なものとに分けられる。観察可能な表面的なレベルのダイバーシティとしてはジェンダー、年齢、人種、民族などがあげられるが、これらについては、偏見、先入観、あるいはステレオタイプによる反応を呼び起こすことが多々ある。これに対して、深層レベルの観測が不可能なダイバーシティとしては、教育、能力、組織の在職期間（あるいはキャリア）、性的指向などが考えられている。

さらに、ダイバーシティの各局面を分類すれば、①民族史学的には、国籍、地域、言語など、②属性で見れば、年齢、ジェンダー、住所など、③地位としては、社会的、経済的、教育的な局面がある。また、④性的指向で分ければ、ヘテロ、ホモ、バイセクシャルなどに分けられる。

3 ダイバーシティ・マネジメント

図4は、ダイバーシティな人的資源をマネジメントするための統合的な枠組みを示したものである。まず、ダイバーシティの価値を評価することは、ダイバーシティの適応への学習プロセスでもある。すなわち、表面レベルあるいは深層レベルにおいて、まずは自分や他人と異なるという事実に「気づき」、そしてその違いを認識して理解するという「承認」、最後にそれを受け入れるという「受容」というプロセスである。

スポーツ組織としてダイバーシティの重要性を受容する（たとえば、従来存在していなかった女性の理事や、障害者の理事からの意外な意見や提言が、そのスポーツ組織の存在意義や社会のニーズを根本から考えることになると、障害を持たない男性ばかりの理事会のあり方を見直し、ダイバーシティの重要性を認識し、これまでの組織の変革の重要性を受け入れるなど）と、次は、どうこれらのダイバーシティをマネジメントできるかという段階に移行する。

ダイバーシティをマネジメントするには、時間的な要因と課題要因（その組織やプロジェクトが必

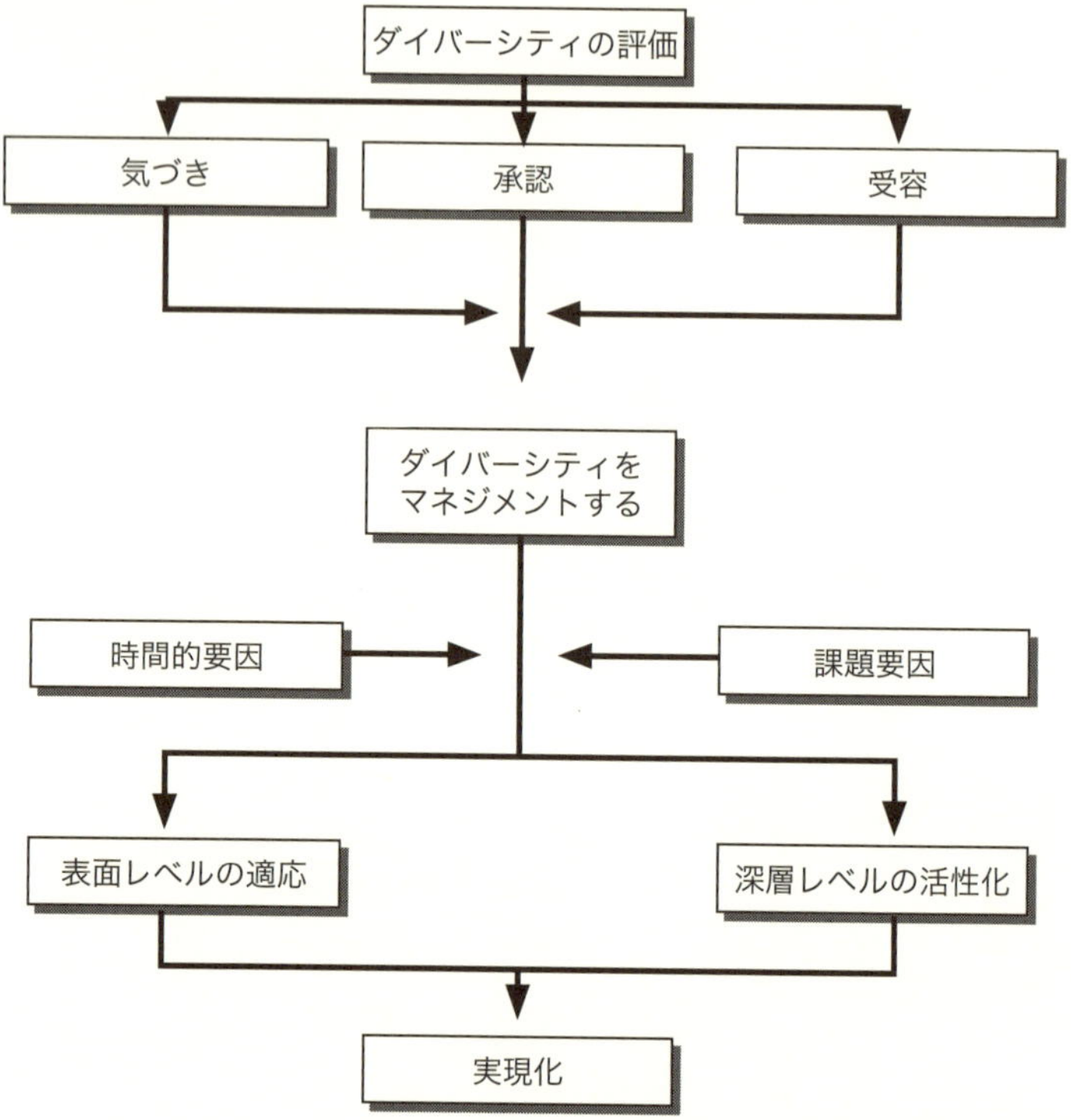

図4　ダイバーシティをマネジメントするための統合的な枠組み

（Chelladurai, P., 2001）

要とする要因）がかかわるが、そこでは表面レベルでのジェンダー、障害の有無、年齢、人種などへの適応とともに、観察が不可能な深層レベルにおける教育やさまざまな能力を見きわめ、それらを活性化する（活かす）ということが必要となる。この表面レベルのダイバーシティへの適応と深層レベルのダイバーシティの活性化によって、ダイバーシティのマネジメントが実現できる[21]。

アメリカのタイトルナ

イン（教育修正条項第9条）のように、連邦政府の補助金を得ている教育機関（大学スポーツも含む）での男女差別に対する罰則がある場合は言うまでもなく、罰則なしの緩やかさではあるが、スポーツ界の男女平等宣言（ブライトン宣言）に署名しているスポーツ組織が増えるなかにあっては、スポーツにおけるダイバーシティのマネジメントは大変重要である。

4・日本のスポーツ政策とマネジメントの課題

1 日本のスポーツ振興政策

日本のスポーツ政策として重要な法律は「スポーツ振興法」（1961年制定）である。これは、スポーツの定義、行政計画の策定、国民体育大会、学校施設の利用、スポーツ振興審議会、体育指導員など23条からなる法律であり、3年後に控えていた1964年の東京五輪開催にあたり、議員立法で制定されたものである。その後、1964年の東京五輪を成功させ、国民体育大会を全県持ち回りで開催させ、日本のスポーツ政策のバイブルとして活用されてきた。

「スポーツ振興法」が成立して約40年後の2000年に「スポーツ振興基本計画」が制定され、2010年までの日本のスポーツ振興計画が明らかとなった。そして、2006年には中間年として規定通りに、スポーツ振興基本計画の核となる三つの政策目標（①子どもの体力向上、②生涯スポーツ社会の実現、③国際競技力の向上）において見直しが行われた(22)(23)。

これらの3点以外にも、見直しの時点で新しく「スポーツ振興基本計画」に盛り込まれたのは、女性、高齢者、そして障害者というダイバーシティの視点でのスポーツ振興である。とくに、女性という視点でのスポーツ振興は、これまでのスポーツ振興基本計画にはほとんど盛り込まれていなかったが、「女性がスポーツに参加しやすい環境づくりのために、関係機関やスポーツ団体がネットワークを形成することを推進する」ことなどを含め、生涯スポーツ社会の実現に、障害者や高齢者という視点と並んで、さまざまな箇所に女性という視点が盛り込まれた。

２０１１年6月には50年間変わらなかった前述の「スポーツ振興法」が全面的に見直され、「スポーツ基本法」が議員立法によって成立した。そして、その法律に基づいて、翌年（２０１２年）3月には「スポーツ基本計画」が策定された。同計画ではスポーツ基本法に示された理念の実現に向け、２０１２年度から10年間のスポーツ推進の基本方針と5年間に総合的かつ計画的に取り組むべき施策が示された。

「スポーツ基本法」におけるスポーツの果たす役割を踏まえ、「スポーツ基本計画」では目指すべき具体的な社会の姿として以下の五つが示された。それは、①青少年が健全に育ち、他者との協同や公正さと規律を重んじる社会、②健康で活力に満ちた長寿社会、③地域の人々の主体的な協働により、深い絆で結ばれた一体感や活力がある地域社会、④国民が自国に誇りを持ち、経済的に発展し、活力ある社会、⑤平和と友好に貢献し、国際的に信頼され、尊敬される国、以上の五つである。

そして、これらの目指すべき姿は、スポーツの意義や価値が広く共有され、「新たなスポーツ文化」を確立することにつながるとされた。

さらに、2012年から10年間程度を見通したスポーツ推進の基本方針では、「年齢や性別、障害等を問わず、広く人々が、関心、適性等に応じてスポーツに参画することができる環境を整備すること」を基本的な政策課題とし、以下の七つの基本方針が定められた。①子どものスポーツ機会の充実、②ライフステージに応じたスポーツ活動の推進、③住民が主体的に参画する地域のスポーツ環境の整備、④国際競技力の向上に向けた人材の養成やスポーツ環境の整備、⑤オリンピック・パラリンピック等の国際競技大会の招致・開催等を通じた国際貢献・交流の推進、⑥スポーツ界の透明性、公平・公平性の向上、⑦スポーツ界の好循環の創出、である。

2012年12月に安倍政権が発足し、スポーツ庁の創設を含め、「スポーツ立国」を実現するための諸政策を推進する方針が固まった。そして、2013年9月に、念願の東京でのオリンピック・パラリンピック大会が2020年に開催されることが決定し、スポーツ政策は大きな転換期を迎えた。

スポーツ政策の柱は超党派議員連盟によって提案されたスポーツ庁創設である。スポーツ庁は、広くスポーツ文化を普及することがその使命であり、①国民スポーツ、②トップスポーツ、③国際貢献、の3分野において、文部科学省、経済産業省、厚生労働省、外務省等の省庁間の調整をし、効率化を図り、新たな相乗効果を期待して設置された。

2 日本のスポーツ政策の今後の課題

2020東京オリンピック・パラリンピック大会に向かい、日本のスポーツ界にはいまだ見たことのない発展が期待されている。

この大会の招致の際に日本が世界に約束したメッセージである"Sport for Tomorrow"のコアなメッセージは、スポーツが未来を作る、すなわち、2020東京オリンピック・パラリンピック大会とそれに向けた具体的行動を通じて、世界のより良い未来のために、未来を担う若者をはじめ、あらゆる世代の人々に、スポーツの価値とオリンピック・ムーブメントを広げていくことである。具体的には2020年までに、開発途上国をはじめとする100か国以上の国において、1000万人以上を対象に、以下のプログラムを実施することを目指している。

①スポーツとオリンピック・ムーブメントの普及のための協力、②国際スポーツ人材の育成、③国際的なアンチ・ドーピング推進体制の強化支援、以上に加え、スポーツ振興の前提となる青少年の育成を草の根レベルで支援することである[24]。

以上のムーブメントの中核機関としての役割を果たすのが、Japan Sport Council（JSC）である。ダイバーシティー（多様性）に価値を見出すという観点から、重要な役割を果たすJSC等の組織では、必ず、実際の国民の声が反映されるように、意志決定機関（指導的な役割を果たす部署）にそれぞれの代表者（たとえば女性の代表者）が必ず入るという世界規模での認識をしっかりと踏まえて、運営に当たることが重要である。

【引用文献】

(1) Parks, J. B., Quarterman, J., & Thibault, L. "Contemporary Sport Management (Third Edition)" Human Kinetics, 2007, p.246.

(2) Pedersen, P. M., Miloch, K. S., & Laucella, P. C. "Strategic Sport Communication" Human Kinetics, 2007, p.85.

(3) ＪＣＪジャーナリズム研究会『キーワードで読み解く現代のジャーナリズム』大月書店、２００５年、１５９－１６１頁。

(4) 朝日新聞『32年までの五輪放映権、NBC が獲得　米国向け』２０１４年５月８日。

(5) エコノミックニュース　http://economic.jp/?p=36080　２０１４年６月。

(6) 電通『News Release』、２００６年10月16日。

(7) New York Yankees: http://m.mlb.com/news/article/66923096/masahiro-tanaka-signs-seven-year-155-million-contract-with-new-york-yankees.

(8) Chelladurai, P. "Human Resource Management in Sport and Recreation" Human Kinetics, 2006.

(9) Parter, L. W. & Lawler, E. E. "Management attitudes and performance" Homewood, IL: Irwin, 1968.

(10) Adams, J. S. "Inequity in social exchange In B. M. Staw (Ed)" Psychological foundations of organizational behavior. Santa Monica, CA: Goodyear, 1977.

(11) Hertzberg, F. "One more time: How do you motivate people?" Harvard Business Review, 1968, 46, 53-62.

(12) Maslow, A. H. "A theory of human motivation" Psychological Review, 50, 1943, 370-396.

(13) Koleler, L. S. “Job satisfaction and corporate fitness managers: An organizational behavior approach to sport management” Journal of Sport Management, 2, 1988, pp.100-105.

(14) Chelladurai, P. & Reimermer, H. A. “A calassification of facets of athletes satisfaction” Jounal of Sport Management, 11, 1997, 133-159.

(15) Chelladurai, P. & Ogasawara, E. “Satisfaction and commitment among American and Japanese collegiate coaches” Journal of Sport Management, 17,2003, pp. 62-73.

(16) Thomas, R. R. “Defining diversity” New York: AMACOM, 1996.

(17) Arrendondo, P. “Successful diversity management initiatives: A blueprint for planning and implementation” Thousand Oaks, CA: Sage Publications, 1996.

(18) Cox, T., Jr., & Beale, R. L. “Developing competency to manage diversity: Readings, cases, & activities” San Francisco: Berrett-Koehler, 1997.

(19) 朝日新聞「ヒジャブ禁止ルール緩和も　バスケカタール辞退」２０１４年９月26日。

(20) Cunningham, G. B. “Diversity in sport organizations” Scottsdale, AZ: Holcomb Hathaway, Publishers, 2007.

(21) Chelladurai, P. “Managing organizations for sport and physical activity” Scottsdale, AZ: Holcomb Hathaway, Publishers, 2001.

(22) 文部科学省『スポーツ振興基本計画』２００６年。

(23) 文部科学省『世界の頂点をめざして』２００７年。

(24) JAPAN SPORT COUNCIL パンフレット、２０１４年。

（小笠原悦子）

第3章 スポーツ関連組織のマネジメント

1・スポーツ組織とは何か

ひとくちにスポーツ組織といっても、さまざまなものがあり、組織によってその特性は大きく異なる。したがって、スポーツ組織の特性やマネジメントについて議論する際には、まず、スポーツ組織をいかなるものとしてとらえるのかを明示する必要がある。

スポーツ組織というと、これまではスポーツ競技の統括団体を意味することが多かったといわれているが[1]、近年では、スポーツビジネスの進展にともない、プロダクトとしてのスポーツを取り扱う組織への関心が高まっている。こうした流れは、当然、スポーツ組織の特性のとらえ方にも影響することになる。たとえば、武隈[2]は、サービス材としてのスポーツを扱う組織の特性として、生産と消費の同時性、総体として小規模組織やスポーツだけを事業内容としない部分的組織が少なくないこと、資源依存を中心とした組織間のネットワーク化、営利組織と非営利組織の異同などをあげ、これらの特性に十分配慮した研究の必要性を指摘している。また、山下[3]は、①スポーツサービスに必要な資源を調達すること、②スポーツサービスの企画と販売を可能にすること、③スポーツ活動の生産をすることの三つの仕事内容をすべて含んだスポーツ組織が完全な意味でのスポーツ経営の主体であると述べている。

このように、マネジメントの議論に先立って、対象とするスポーツ組織をある程度限定する必要がある一方で、スポーツ組織を「スポーツに関する特定の目標を持つ複数の個人、集団、団体を内包するもの」[4]、あるいは「スポーツにかかわる特定の目的を達成するために、意図的に調整された諸活動に関する協働システム」と規定し、広義にはスポーツ活動を成立させる活動単位（典型的には地域のスポーツクラブ）にもスポーツ組織の名辞を与えることができるという見方もある[5]。しかし、こうした包括的な定義も、スポーツ組織の分類や多様性を前提としたものである。スポーツ組織は、基準をどこに求めるかによってさまざまに分類することができるが、たとえば、宮内[6]は、スポーツ組織の分類基準として、組織化の程度や安定度、規模、組織の性格、活動の性格、メンバーなどをあげている。また、山下[7]は、現代のスポーツ組織を理解するためには、マネジメントの方向を示す指標（戦略特性）が考慮されなければならないとして、スポーツ活動をやる（生産する）ことに重点を置く「オペレーション志向」と、スポーツ活動を見せる（商品化する）ことに重点を置く「プロダクト志向」の二つを区分している。このほか、営利―非営利、法人格の種別なども分類の基準となるだろう。

これらは、いずれも経営サイドからみた区分であるが、人とスポーツのかかわり方という観点から分類軸を提示することもできる。すなわち、スポーツを「する」ことにとどまらず、「みる」「よむ」「ささえる」など、かかわり方の多様化にともなって、それに対応する組織もまた多様化してきたといえる。

表2は、人のスポーツに対するかかわり方を営利―非営利という軸でスポーツ組織を分類した例である。このような分類軸を導入することによってさまざまな分類例を示すことが可能であるが、それはスポーツ組織がいかに多様であるかを示すことにもなるのである。

このように、何らかの基準によって多様なスポーツ組織を分類したり、認識対象としてのスポーツ組織を切り出すことは可能であるが、それだけでは「スポーツ組織とは何か」という本質的な問いに答えたことにはならない。これについては、スポーツ経営学やスポーツマネジメントの独自性・固有性を探究するプロセスのなかにスポーツ組織とは何かを考えるヒントがある。図5は、スポーツ産業の2セクターモデル[(8)]をもとにスポーツ組織の分類を試みたものである。図の中央には、スポーツプロダクト（スポーツサービス、スポーツ活動）の生産に関わる組織、言い換えればスポーツそのものを生み出す事業を営む組織によって構成されるセクターが位置し、それを統括組織、用品、施設、メディア、マネジメント会社、行政という6つのサブセクターが取り囲んでいる。このサブセクターは、スポーツプロダクトの生産をサポートするという位置づけになる。図中の組織はいず

表 2　スポーツ組織の分類例

	営　利	非営利
す　る	フィットネスクラブ	種目団体，統括団体 地域スポーツクラブ，YMCA 大学運動部
み　る	テレビ局 情報サービス関連企業 プロスポーツ団体	サポーター組織
よ　む	出版社，新聞社 情報サービス関連企業	ミニコミ誌
ささえる	人材派遣会社	スポーツボランティア団体 スポーツ行政

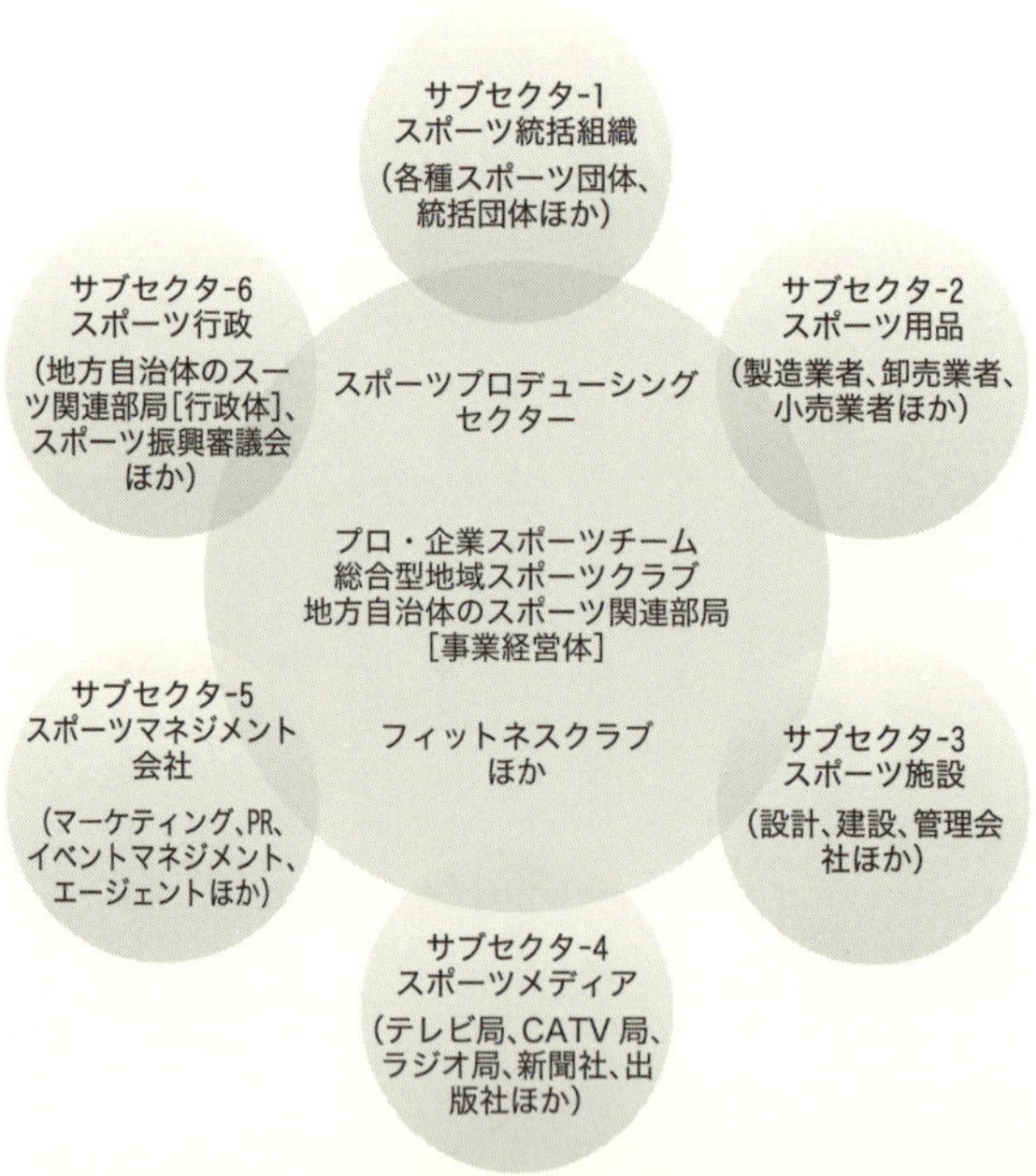

図 5　2 セクターモデルに基づくスポーツ組織の分類

（松岡，2010[8]をもとに作成）

れもスポーツに関連する組織であるが、中核をなすスポーツプロデューシングセクター内の組織を、ここではスポーツ組織と呼ぶことにしたい。スポーツに関連する組織が拡大・濫立するなか、スポーツ組織の内包的定義を示すことは、スポーツ経営学やスポーツマネジメントという学問の基本的な守備範囲を考えるうえでのヒントにもなるであろう。

さらに、スポーツ組織にはスポーツという文化を扱う組織ならではの期待される役割がある。それは、文化としてのスポーツの普及と発展に寄与すること、さらには人びとの豊かなスポーツ生活の実現に貢献することである[9]。これは営利、非営利を問わずあらゆるスポーツ組織に求められる要件といえる。すなわちスポーツ組織とは、「文化としてのスポーツの普及と発展ならびに人びとの豊かなスポーツ生活の実現に向けたスポーツプロダクト（サービス）の生産を目的とする組織」のことをさす[10]。以下、本章では、組織論のオーソドックスな分析レベルに準じ、スポーツ組織のマネジメントに関連するトピックとして、ミクロレベルでは、組織における人間行動にかかわるモチベーションについて、メゾレベルでは、組織内部のプロセス（組織過程）にかかわるコミュニケーションと意思決定プロセス、そしてリーダーシップについて、動学的メカニズムに関しては、環境変化に対する組織のイノベーション（組織変革）をリーダーシップに関連づけながら取り上げることにしたい。

2・モチベーション・マネジメント

1 モチベーションの基礎理論——内容理論と過程理論

従来、スポーツにおけるモチベーションというトピックは、スポーツ心理学の領域で扱われてきた。しかし、近年では、「スポーツビジネスにかかわるものが『モティベーション』について学ぶことは非常に有益なのではないか」ともいわれている[11]。どうすれば人をやる気にさせることができるかは、スポーツに限らずマネジメントの重要な課題であるが、仕事に対する意欲について解明するためには、まず人がどのような欲求を持っているかについて把握する必要がある。こうした立場から、個人に内在する欲求について明らかにすることをめざした理論をモチベーションの内容理論という。これに対して、人が動機づけられるメカニズム（過程）に着目した理論を過程理論という。以下では、モチベーションの基礎理論を概観したうえで、スポーツにおけるモチベーション・マネジメントについて考えてみたい。

内容理論の代表的なモデルのひとつである欲求階層説[12]は、人の欲求が、生理的欲求、安全と安定の欲求、所属と愛情の欲求、尊厳欲求、そして自己実現欲求という五つの欲求から構成されるというものである。この理論は、欲求の内容を示しているという意味では内容理論であるが、欲求の

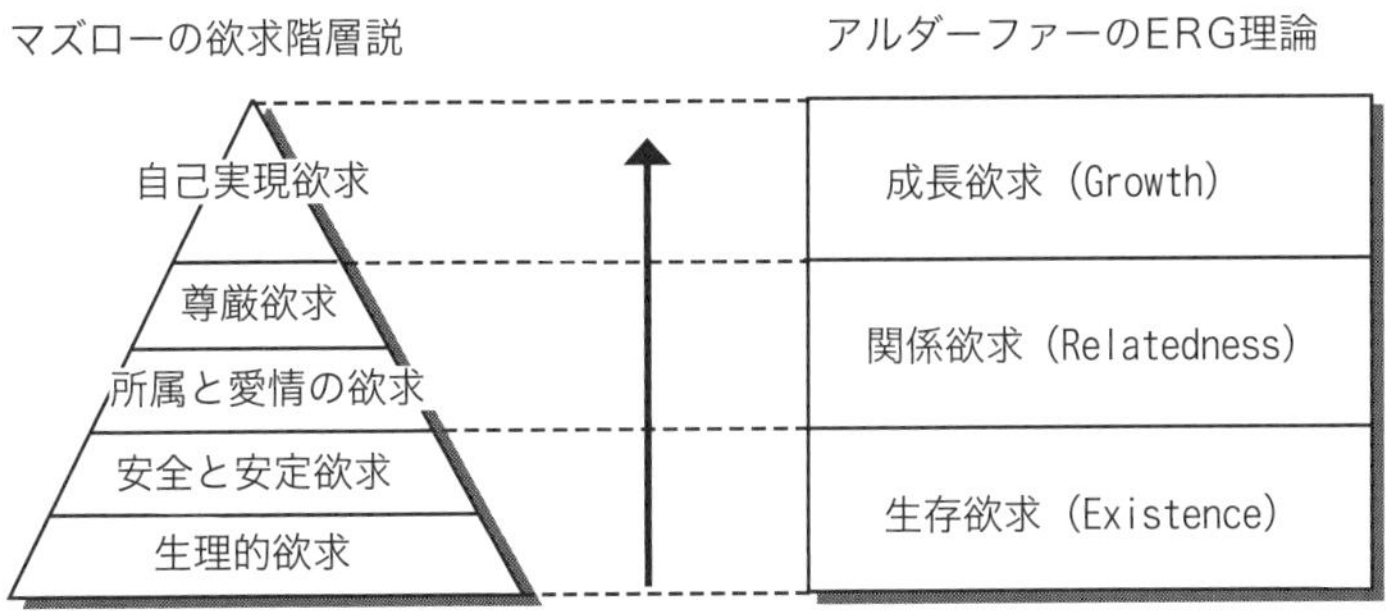

図６　二つの欲求階層モデル

満足化行動が低次から高次へと逐次的に移行し、同時により下位の欲求が満たされるたびに、さらに上位の欲求が顕現化するというメカニズムをとらえているという点で、過程理論的な要素も含んでいる。

ＥＲＧ理論[13]は、マズローの欲求階層説を修正する形で提案されたモデルである（図６）。最も基本的な生存欲求（Existence）は、人間が生存していくために必要な生理的欲求、中間的な階層の関係欲求（Relatedness）は、人間関係の形成・維持・発展にかかわる欲求、そして最も高次の成長欲求（Growth）は、人としてよりすぐれた水準に到達しようとする欲求をそれぞれ意味している。この理論の特徴は、欲求の各階層が必ずしも逐次的に活性化するのではなく、同時に活性化しうるものであり、また上位レベルの欲求の満足の欠如は、下位レベルの欲求の重要度を増加させることが主張されている点にある。

二要因理論[14]も内容理論に分類される。仕事のなかでの高感情（よかったと感じた経験）と低感情（悪かった経験）に関するインタビューの内容分析をしたところ、高感情のストーリーにより多く現れるのは、仕事の達成、承認、仕事そのもの、責任であった。逆に低感情のほうで顕著に現れたテーマは、会社の方針と経営、監督のあり方、上司との人間関係、同僚との人間関係、作業条件であった。よかったと感じた経験を特徴づけているのは、どれも仕事そのものに関連する内容であり、これら職務内容にかかわる要因は「動機づけ要因」とよばれる。これに対して、悪かった経験に現れる要因は、会社の方針、職場の人間関係、作業条件など、仕事そのものにかかわるというよりも仕事を取り巻く環境要因であることから、「衛生要因」とよばれる。この理論のポイントは、人は仕事そのものから満足を得ているのであり、仕事を取り巻く衛生要因にどれだけ配慮しても、それは不満を緩和・解消させるだけで、積極的に満足をもたらすわけではないという点にある。このように、内発的要因としての「動機づけ要因」および外発的要因としての「衛生要因」という独立した要因の存在を示すことにより、インセンティブ（誘因・報酬）の考え方に有益な示唆を与えている。

行為自体に意味を見いだす内発的な動機づけに関連して近年注目されているのが、フロー理論[15]である。フローとは、「特定の行為そのものに楽しさを感じ、熱中・没入している状態、忘我状態」のことであり、文字どおり、行為が流れ（flow）のように首尾一貫しており、行為自体が目的化するような体験と表現されることに由来する。図7のように、「課題の困難度」と「行為能力（技能）」のバランスがとれたフローチャネル内に位置するとき、人は内発的に動機づけられているとされる。このフローを経験させるための方略としては、①課題困難度の調整、すなわちいま持っている力に

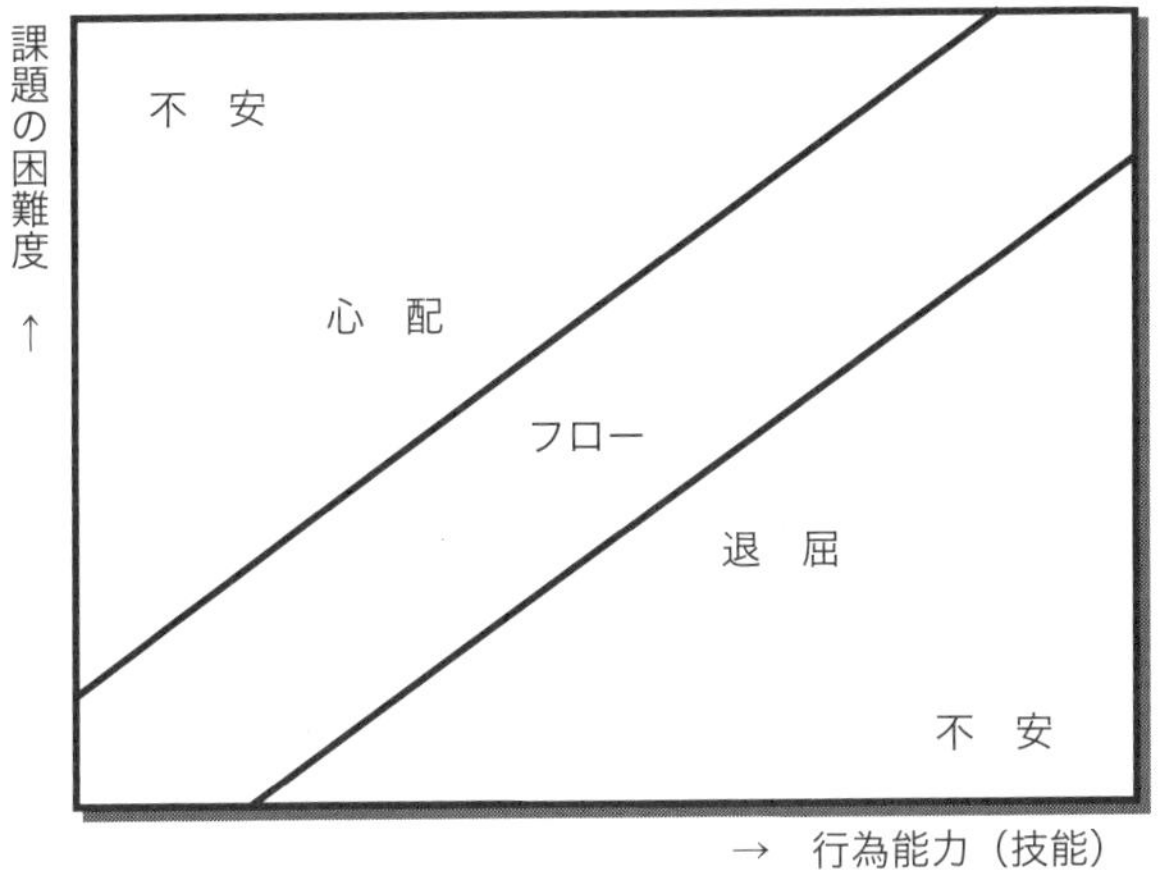

図7　フロー・モデル（チクセントミハイ，1991[15]を一部修正）

見合った挑戦課題のレベルを設定すること、②行為能力の向上、すなわち明確な意図・ねらいのもとに練習・経験し能力を高めること、そして③ルールの工夫（課題遂行条件の変更）、すなわち多くの人が楽しむことのできるようにルールを改変したり、状況解釈の枠組みを変えることの三つが考えられる。これらの働きかけは、スポーツ実施の場面のみならず、さまざまなモチベーション・マネジメントにおいて適用可能であろう。

最後に最も完成度の高いモチベーションの過程理論といわれる期待理論について簡単にふれておきたい。このモデルでは、功利主義的な合理人の人間行動を仮定したうえで、仕事への意欲が生じる認知的なプロセスが描かれている。努力すれば相応の成果が得られそうだという期待（expectancy）と、成果がその人にとって価値がある、あるいは重要であると考える程度としての誘意性（valence）を掛け合わせたものが、モチ

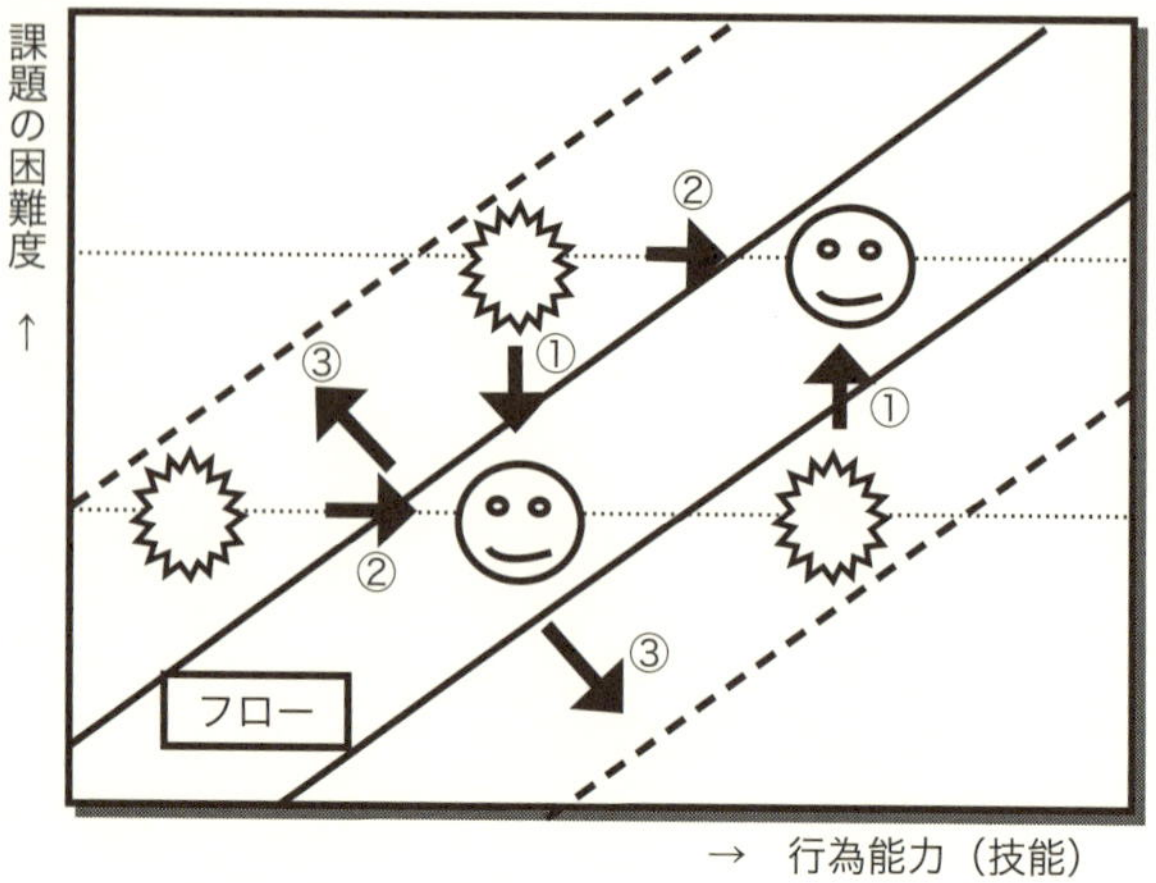

図8　フロー状態に入るための三つの方略

ベーションの強さの関数であるというのが、このモデルの基本的な考え方である(16)(17)。この理論もまた、目標設定のあり方や報酬の考え方に関する重要な示唆をもたらした。

2 モチベーション・マネジメントの考え方

あらゆるスポーツ組織において、人材は成果を左右する重要な要因として認識されている。とりわけ、地域スポーツの領域やスポーツイベントなどにおいては、人的資源としてのボランティアに対する期待がますます高まっている。こうしたスポーツ組織においては、多くのボランティアを集め（調達）、職務満足を保ちながら能力を高め（開発）、活動を継続してもらう（維持）ための効果的なマネジメントを行わなくてはならない。そのためには、まずボランティアはどのような理由で活動するのかという動機の理解が欠かせない。

表3　ワールドカップにおけるボランティアの動機の構成要素

（松岡・松永，2002[18]を一部修正）

	構成要素	定　義
利他的動機	社会的義務	自分の実益に関係なく，他人や社会に貢献するため
	能力・経験活用	自分の知識，能力，経験を生かし役立てるため
	地域奉仕	自分に関係ある地域に貢献・奉仕するため
利己的動機	社　交	人との出会い，交流・協力を通して得られる喜びを求めて
	学　習	生涯学習や社会勉強の場として
	キャリア	将来の仕事や就職に役立て，ネットワークを広げるため
	自己改革	自分を変え，成長するためのきっかけとして
イベント特有動機	スポーツ	スポーツ，サッカーに興味があるため
	イベント	ワールドカップに興味があるため
	国際交流	国際交流を体験し，また貢献するため

表3は、2002年のサッカーワールドカップにおけるボランティアの動機の構成要素を示したものである[18]。これを見ると、動機の構成要素は、先にみた欲求の要素や動機の内容から導かれることがわかる。また動機の構成要素を知ることは、意欲や貢献を引き起こす源泉となるインセンティブ（誘因・報酬）を考えるうえでも非常に重要である。ボランティアを受け入れる組織においては、①ボランティア活動の業務内容（活動内容が挑戦的であるとか、自分にあったものであるとか、生活スタイルにあったものであるといったこと）、②集団性（ボランティア・グループのつくるコミュニティの魅力）、③エンパワメント（活動を通じて元気をもらうこと、社会的に役立っていることへの実感）という三種類の満足感を得られる活動を整えることが活動継続を促すとされるが[19]、ここから、モチベーションは、インセンティブのあり方のみならず、ジョブデザインや評価の問題などとも深くかかわっていることがわか

る。さらに、性別、年齢、ボランティア経験、スポーツ経験といった個人属性の違いによって、動機が異なる傾向にあることが報告されているが、このことは、どのような属性のボランティアにはどのように対処する必要があるか、事前にある程度予測できるということを意味している。これによって事前研修への示唆のみならず、評価フィードバックのあり方や日ごろの接し方にとっても有用な情報が得られることになる。

モチベーション・マネジメントは、組織の人材マネジメント、人的資源管理（Human Resource Management：ＨＲＭ）の重要な一部である。モチベーション・マネジメントの問題は、インセンティブや評価の問題と密接な関係にあるが、構造化や組織化の進んでいない組織が少なくないスポーツ組織においては、この報酬システム、評価システムをいかに整備するかが重要になるであろう。後述するリーダーシップをはじめ、インセンティブ・システム、業績評価システム、仕事の与え方（とくに目標の困難度）など、さまざまな組織変数が成員のモチベーションに影響を与えていることを忘れてはならない。

3・コミュニケーションと意思決定プロセス

1 組織におけるコミュニケーション

さまざまなメンバーから構成される組織において、価値観や意図・関心は多様であり、これを一つにまとめていくことは困難である。そのため、コミュニケーションは組織においてあらゆる局面で重要な役割を果たすことになる。組織マネジメントにとって、コミュニケーションが重要な意味を持つのは、以下の三つの局面といわれる[20]。

まず第一に、情報伝達の局面である。たとえば、垂直方向の分業における両方向のコミュニケーション、すなわち、上位者から下位者への指示（下方伝達）、そして下位者から上位者への報告や相談など（上方伝達）である。従来の組織では、垂直分業による権力の階層構造が情報伝達の面において種々の阻害要因となってきたが、近年のＩＴ（情報技術）の普及・発展によって、組織の情報処理プロセスには革新的な改善が期待されている。情報が組織メンバー全員に伝わり（情報の共有化）、職位や職種に関係なく情報交換や意見交換（情報のフラット化）が可能になれば、組織の活性化が期待される。情報伝達のあり方は、組織デザインそのものであり、新たに組織を立ち上げたり、組織構造を変更する際には、十分に留意しなければならない。

第二に、水平方向の分業における役割間の行動や利害のコンフリクト調整の場面である。組織のメンバーは、共通目標の達成に向けて協同する関係にあるが、分業によって生じる役割の違いが、仕事の仕方やものの考え方の違いを生み出すことがある。こうした役割コンフリクトを調整するコミュニケーションは、組織マネジメントを進めるうえでの重要課題である。

そして第三に、会議等の集団意思決定の場面である。これは、組織を取り巻く環境の変化に関する情報の収集と判断の局面としての性格を持つ。集団による意思決定は、一人よりも創造的なアイデアが創出され、的確な意思決定が可能になるだろうという期待に立脚している。しかし、集団分極化（集団の話し合いによる決定が単独で行うよりもより一層リスキーあるいはより一層慎重なものとなること）、集団浅慮（自己および他のメンバーへの信頼から客観的な判断の視点を失い愚かな決定を導いてしまうこと）、斉一性の圧力（少数意見を主張するメンバーが多数意見に同調するよう受ける圧力）などには十分注意しなければならない[21]。

このような情報の共有化・フラット化、役割コンフリクトの調整、集団意思決定といった局面は各種スポーツ組織においても頻繁に出現するが、その意味でも良質のコミュニケーションを確保するための組織デザインが強く求められることになるであろう。

2 意思決定プロセスと場のマネジメント

前でみたように、情報が伝達されると、集積された情報をもとに意思決定がなされる。決定のためには、必要な情報をできるだけ多く集めなければならない。意思決定のプロセスは、図9のような基本モデルで図示することができる[22]。まず、何が問題であるかを認識し、それに対してどのように対処すべきかを考えるために情報を収集する。そして問題を解決するための選択肢を揃え、それぞれを評価し、最もよいと判断されるものを選択・決定し実行に移すのである。実行結果は評価され、それをまたフィードバックするという循環過程が想定されている。以上のような個人の意思決定プロセスは、集団や組織の意思決定にも置き換えて考えることができる。

意思決定プロセスに関連して、経営学では「場のマネジメント」というパラダイムが注目を集めている。これは、従来、経営理論の主流を占めてきた経営組織や経営システムなど、目に見える「構造」に関する議論だけでは経営現象の理解は不十分であり、むしろ目に見えない「意思決定」や「心理的エネルギー」など、経営のプロセスにかかわる部分に対して経営の手段がどのように働きかけるかを問う必要性について主張するものである。伊丹[23]によれば、場とは、人びとが参加し、意識・無意識のうちに相互に観察し、相互に理解し、相互に働きかけあい、共通の体験をする、その状況の枠組みのことである。この枠組みのなかでとり交わされる情報的相互作用（コミュニケーション）は、共通理解と心理的共振をもたらすという。すなわち、情報的な相互作用は、組織を構成する人びとの意思決定面と心理面に大きく影響し、結果として組織の業績をも左右することになるのである。

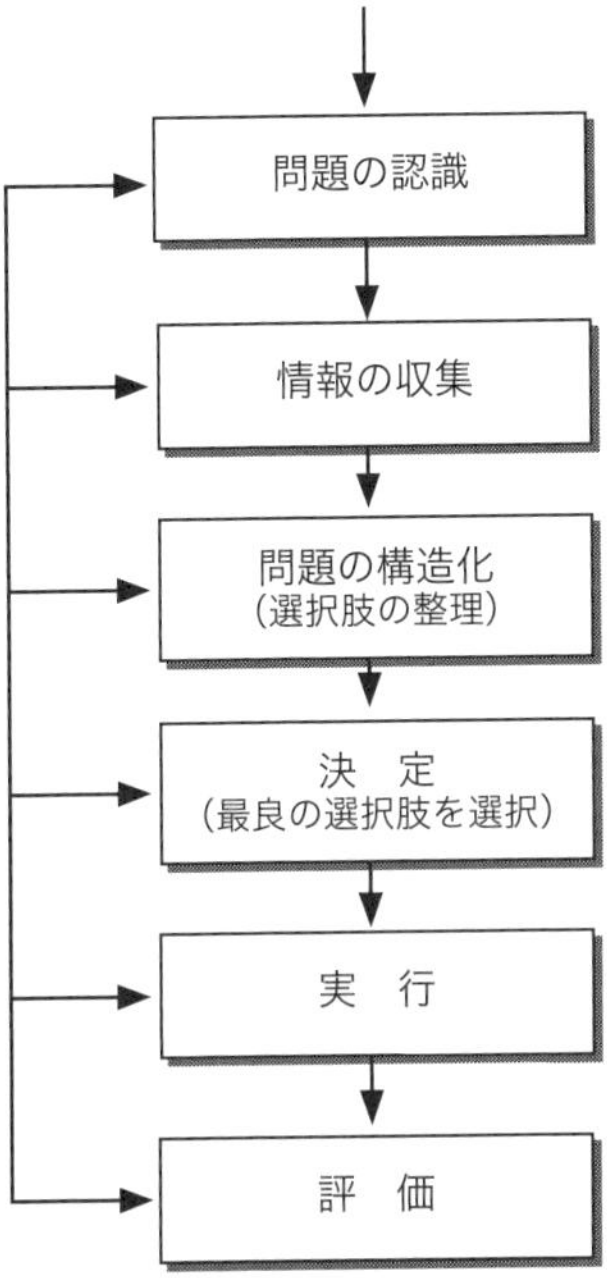

図9　意思決定モデル
（田尾，1999[22]）

この場のマネジメントの考え方について、地域スポーツ領域における具体的なケースをもとに検討してみよう。90年代半ば

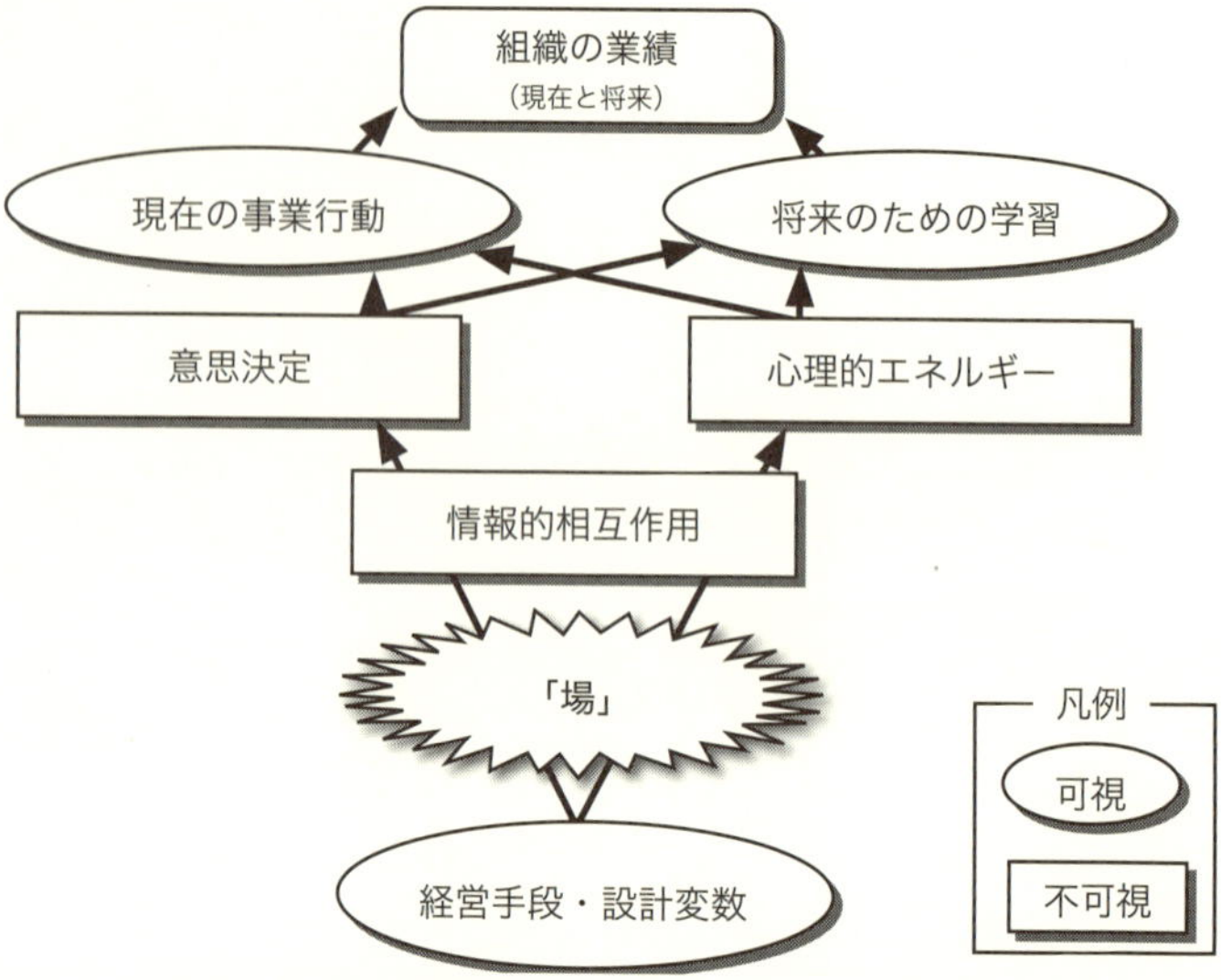

図10　組織の経営と場　（伊丹，1999[23]を一部修正）

から本格化する総合型地域スポーツクラブ（以下「総合型クラブ」）の育成は、「スポーツ基本計画」（2012年）においても重要な政策の柱として掲げられており、その設立プロセスについては依然として高い関心が寄せられている。以下では、この総合型クラブの設立にあたり、場のマネジメントが大きく作用したケースを紹介したい。

２００１年３月、Y町に総合型クラブ設立検討委員会が設置され、２００１年４月にクラブが設立されるまで約３年の間に、町のスポーツ関係者によって22回の準備委員会が開催され、設立に向けた協議を重ねてきた。最初の段階では何を決めるのかさえもわからないような状況であったが、Y町のスポーツ関係団体の現状と問題点の把握、町のスポーツ振興をめぐる共通課題の確認等を通じて、総

表 4　クラブ設立準備委員会の議事内容と意思決定

準備委	主たる議事	意思決定（決定事項）
第 1 回	設立検討委報告, 広報SC講義	
第 2 回	各団体の現状・問題点	総合型に関する情報収集を行う
第 3 回	今後の準備委の活動（KJ法）	先進クラブ視察
第 4 回	クラブの目的	議長決定
第 5 回	先進クラブ視察	
第 6 回	飲みニケーション	
第 7 回	準備委主催のプレ事業案	
第 8 回	準備委主催のプレ事業案	プレ事業のアウトライン
第 9 回	教委主催事業（軽スポ教室）見学	
第 10 回	準備委主催のプレ事業案	プレ事業概要（日時・会場・内容等）
第 11 回	準備委主催のプレ事業案	プレ事業の詳細
第 12 回	健康スポーツ縁日（プレ事業実施）	
第 13 回	事業の反省, 設立に向けた自由討議	委員増員, 町民調査の実施
第 14 回	クラブの目的・使命, 規模, 対象	準備委の性格づけ, 対象, 関連団体との関係
第 15 回	部会の設置	4 部会, メンバー, 今後の予定
第 16 回	4 部会の報告	
第 17 回	4 部会の報告	部会と全体会の役割, 会議時間
第 18 回	4 部会の報告	趣意書, 指導者調査, 設立総会日程
第 19 回	4 部会の報告	指導者募集, 会費, 受講料, 施設利用料減免, クラブ正式名称　等
第 20 回	4 部会の報告	HP案, リーフレット概要　等
第 21 回	4 部会の報告	設立総会内容, 部会名　等
第 22 回	4 部会の報告	規約案, 役員案, 総会準備　等

メンバーによる問題意識の表明・共有
▼
準備委の課題整理（グループワーク・KJ法）
▼
クラブ目的の検討（課題の明確化）
▼
準備委主催のプレ事業実施（軽スポーツ教室）
▼
クラブ目的・拠点施設・ターゲットの確認
▼
組織づくり（部会構成の検討）
▼
事業内容の検討

図11　Y町におけるクラブづくり議論のプロセス

合型クラブの意義やこれからのスポーツ環境づくりについて、同じ土俵で話し合いができるようになった。

この総合型クラブが何をめざすのかという目的について討議・検討するなかで、クラブに対する共通の理解が得られていったようである。また、プレ事業を開催するというメンバーの協働の経験を通じて、設立準備組織のメンバーとしての役割をより強く認識するようになった。目的決定ののち、部会構成の検討にとりかかり（4部会）、以降は役割分担に基づく準備作業が続いた。こうしてクラブ運営のためのオペレーション、細部について検討を進め、クラブの設立を迎えることとなった。

全体を通じて特徴的だったのは、メンバーによる話し合いと発言の機会をかなり意識的に確保していたこと、個々の意見を聞いたうえで全体としての結論に至ること、議事の適切な修正がなされていること、会議の連続性・積み上げが大切にされていること（議事録、次回までの課題提示）などである。これらは、コミュニケーシヨンの場としての会議を開催する側の「議論」のとらえ方、さらに「意思決定」や「合意形成」に対する考え方の反映であり、このことが意思決定や心理的エネルギーにも大きく影響しているものと思われる。

場という概念は、経営の設計変数と組織の人びとが行うことをつなぐリンクとして重要であるといわれているが、この事例からは、会議という場を仕切るマネジャーの役割の重要性が示唆された。この点は、後述するリーダーシップの問題ともかかわっている。

4・リーダーシップ・スタイル

1 リーダーシップ研究の変遷

リーダーになれる人となれない人、リーダーの立場に立ったときにリーダーシップを発揮できる人とできない人、それぞれの違いを説明するのに、個人的資質や特性に注目した時代があった。このアプローチは、リーダーシップの特性論とよばれる。個人的資質には、性格・パーソナリティ、知的能力、人格、体格、身長などがあるが、優れたリーダーシップをとる人の中には身長の高い人もいれば低い人もいることや、ほとんどの個人的特性は、フォロワーには見えないといった理由から特性論は否定された。

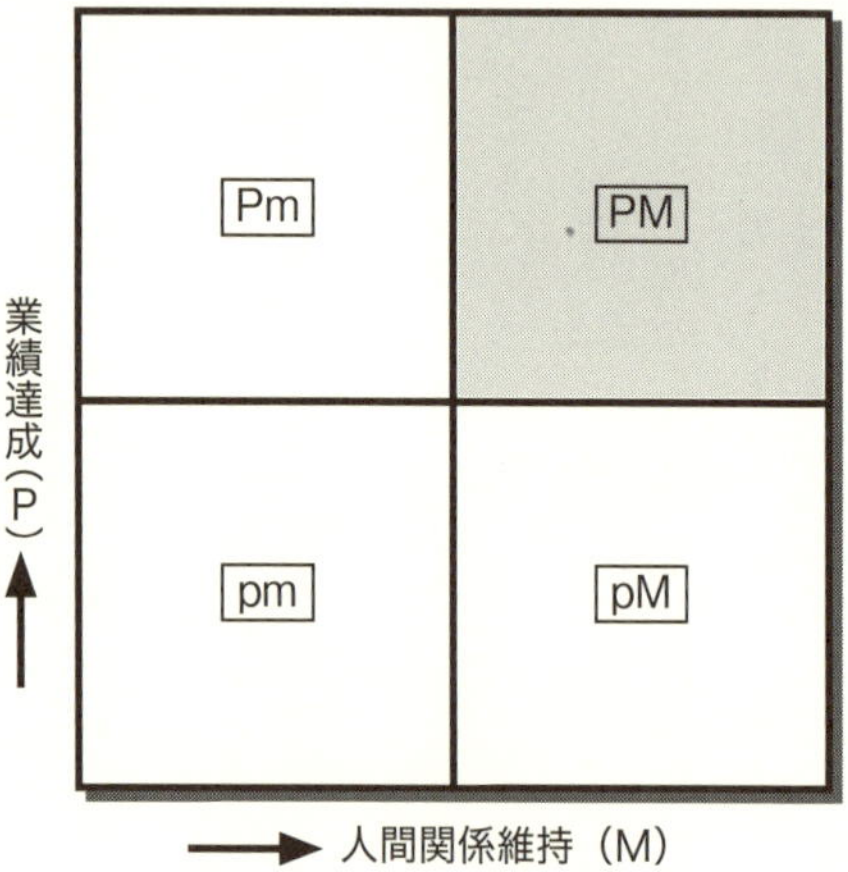

図12　リーダーシップのPM理論（三隅, 1984[24]）

　こうして、リーダーシップ論は、個人的資質で説明しようとするアプローチから、行動面に注目するアプローチに大きく転換した。行動論の代表ともいえる二次元モデルにおいて、普遍的なリーダーシップスタイルの特徴は、次の二つに求められた。一つは、仕事や課題に直結した行動で、目的を決めたり、フォロワーに仕事を割り当てて分業させ、進捗のために発破をかけたりするような行動。もう一つは、人間としてのフォロワーの感情面にきちんと目配りする行動で、フォロワーの個人的な相談にのってあげたり、この集団の一員でよかったと思えるような心配りをする行動である。ＰＭ理論[24]としてよく知られているモデルにおいても、集団が成立するための機能から導かれた業績（performance）と維持（maintenance）という二つの次元でリーダーの行動を説明している。ＰＭ理論では、ＰとＭの両方の機能を高度に達成するＰＭ型が、最も優れたリーダーシップを発揮するとしている（図12）。

　最も有効なリーダーシップスタイルは、構造づくりも配慮も、またＰ行動もＭ行動も、ともに高度に行う場合であることが、さまざまな場面で検証されてきた。その中でも行動面に着目したこ

表 5　クラブ組織化におけるリーダーの行動　（作野・清水，2001）[25]

	因　子	解　釈
課題達成指向	達成強調	課題達成に向けて圧力をかけたり，緊張感を持続させるような行動
	情報提供	総合型クラブ，地域の実態などに関するさまざまな情報を住民に示す行動
人間関係指向	信頼関係	職員と住民相互の信頼関係の構築にかかわる行動
	配　慮	住民の気持ちや考え方を尊重する典型的な配慮の行動
連携促進・システム変革	調　整	組織間の問題を処理したり，重要事項の決定にあたって共通理解を図るなど各種の調整にあたる行動
	支持拡大	総合型クラブの定着に向けて，できるだけ多くの地域住民や組織からの支持を得られるようにする行動
	討議設定	住民メンバーを中心とする話し合いの場づくりに関する行動
	討議活性化	活発な話し合いがなされるような雰囲気づくり，参加意欲を高める行動

と、わずか二次元で有効なリーダーシップ・スタイルを説明したこと、またそのスタイルが普遍的に有効であることを主張した点にこのアプローチの特徴がある。

表5は総合型クラブの育成にあたる行政職員をスポーツ環境の変革にかかわる実質的なプロジェクト・リーダーとみて、その行動について分析した結果である。ここでは八つの行動因子が抽出され、それらは「課題達成志向」「人間関係志向」「連携促進・システム変革」に大きく括ることができた。このうち前二者は、先の二次元モデルで指摘された行動次元に相当する。

しかし、やがて唯一最善のリーダーシップスタイルを提示するよりも、リーダーシップ行動の有効性は、リーダーが置かれている状況、たとえば、環境、課題の性質、部下の成熟度などによって異なると考えるほうがより現実的だ、という考え方が、1960年代後半から台頭してきた。これは、リーダーシップのコンティンジェンシー理論（条件適合理論、環境適応理論）とよばれる（図13）[26]。

2 組織イノベーションと変革型リーダーシップ

現在のスポーツ界全体の状況を特徴づけるキーワードは、「変化」や「イノベーション」であろう。リーダーシップの有効性が状況に依存するとなると、当然、組織に変革をもたらすようなリーダーシップのあり方に関心が寄せられることになる。1990年代に入ってから、経営環境の変化に適応していくために組織変革の重要性が指摘されるようになり、その取り組みに不可欠の要素として変革型リーダーシップが注目を集めるようになった。スポーツ界でも1990年代以降、Jリーグの創設、総合型クラブ育成の全国展開、民間セクターの活用などをはじめとして環境が大きく変動しているが、その流れは21世紀に入ってからも変わっていない。「スポーツ立国戦略」（2010年）や「スポーツ基本計画」（2012年）などの政策指針においては、前述した地域スポーツクラブの育成・推進、国際競技力の向上に向けた人材養成、スポーツ団体のガバナンス強化などがうたわれている。その実現のため

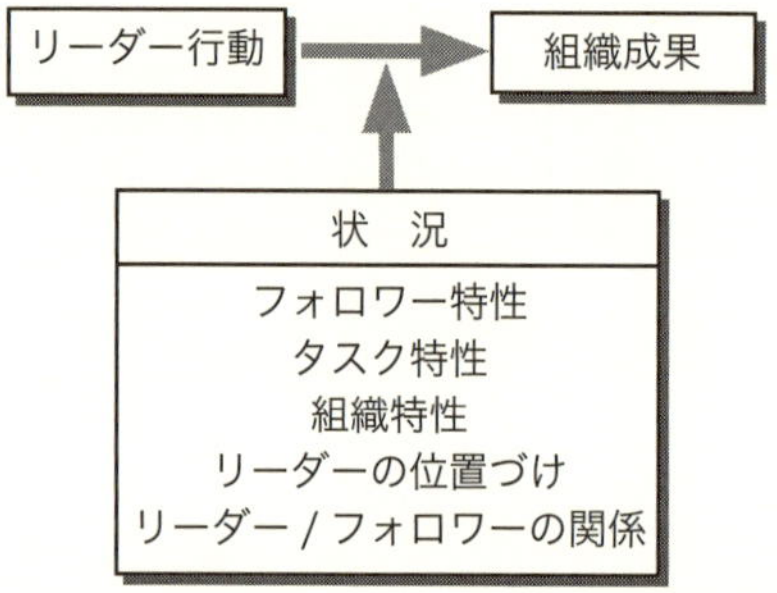

図13　コンティンジェンシー理論の基本枠組

にも、スポーツ界は変革型リーダーの登場を待ちわびているのである。山口[27]によると、変革型リーダーシップとは「メンバーに外的環境への注意を促し、試行の新しい視点を与え、変化の必要性を実感させ、明確な将来の目標とビジョンを提示し、自ら進んでリスク・テイクし変革行動を実践するリーダーシップ」のことをいう。金井は、変革型リーダーシップのエッセンスを「ビジュアルな大きな絵（地図）を描き、その絵の実現に向けてそれを緻密にアジェンダ項目に落としていって、ヒトを巻き込むこと」[28]と表現している。

金井[29][30]は、これまでの変革型リーダーシップにかかわる諸研究の検討を通じて、変化とイノベーションを導く共通の行動パターンとして次の七つを指摘している。

①戦略的ビジョンの提示・浸透
②環境探査（スキャニング）と理由づけ
③実験的試行の奨励（革新的トライアル）
④実施時の極限追求
⑤フォロワーの成長・育成
⑥コミュニケーションとネットワークづくり
⑦エモーションへの対処

まず第一の戦略的ビジョンの提示・浸透とは、将来に関する大きな絵をビジョンとして示すことである。Jリーグの「百年構想」のような、わかりやすいビジョン示すことが肝要であろう。第二の特徴は、組織や部門の環境を注意深く観察し、そこから変化の動向をかぎ分け、変化の理由や意味づけを行っていることである。ビジョンは、環境探査（スキャニング）をしっかりと行うことによって見えてくる。意思決定モデル（図9）でもみたように、適切な意思決定には問題認識と情報収集が不可欠である。第三は、ビジョンの実現に資するような具体的なプロジェクトに人びとがチャレンジするのを、促進・奨励することである。このような実験的トライアル（試行）がなければ、ビジョンも画餅に終わってしまうからである。第四は、ことを成し遂げるプロセスの厳しさである。変革を導くリーダーが期待する業績水準は高く、執拗かつ忍耐強くビジョンの実現に向けての努力を要求する。やるからにはとことんやるのである。第五は、自分についてくる人びとの育成やケアリング（世話）である。第六に、必要な情報や資源を提供してくれる人びととの人的ネットワークを形成していることである。そのためには、それらの人びとと情報や資源をやりとりするコミュニケーションを絶やすわけにはいかない。最後に、変革をうまく導くリーダーは、変革のプロセスで人びとが感じるエモーション（情緒）の問題に敏感でなければならない(31)。

これらの共通する行動パターンをみると、変革型リーダーは、ここまでに本章でみた、モチベーション・マネジメント、コミュニケーション、意思決定、いずれにも通じている必要があるということがわかる。そしてこれらは変革を推し進めてきたスポーツ組織のリーダーがおしなべて具備するものであり、また今後とも強く求められるものといえる。

【引用文献】

(1) 山下秋二「スポーツ経営の主体と環境」、山下秋二ほか編『スポーツ経営学 改訂版』大修館書店、2006年、35頁。
(2) 武隈晃「スポーツ経営現象の分析視角」、山下秋二ほか編『スポーツ経営学 改訂版』大修館書店、2006年。
(3) 前掲書(1)。
(4) 宮内孝知「日本的スポーツ組織の歴史的・社会的性格」、森川貞夫・佐伯聰夫編著『スポーツ社会学講義』大修館書店、1988年。
(5) 前掲書(2)。
(6) 前掲書(4)。
(7) 山下秋二「スポーツマネジメントのための基礎知識」、山下秋二・原田宗彦編著『図解スポーツマネジメント』大修館書店、2005年。
(8) 松岡宏高「スポーツマネジメント概念の再検討」、『スポーツマネジメント研究2(1)』2010年所収。
(9) 清水紀宏「『スポーツ経営』概念の経営学的考察」、『体育学研究39(3)』、1994年所収。
(10) 作野誠一「スポーツ組織」、早稲田大学スポーツ科学学術院編『教養としてのスポーツ科学[改訂版]』大修館書店、2011年。
(11) 高橋潔・金井壽宏「経営のメタファーとしてのスポーツ[第7回]」、『Sport Management Review, Vol.7』データスタジアム、2007年。
(12) Maslow, A. H. "Motivation and personality" Harper & Low, 1954.(小口忠彦監訳『人間性の心理学 改訂新版』産業能率大学出版部、1987年)

(13) Alderfer, C. P. "Existence, relatedness, and growth: Human needs in organizational setting" Free Press, 1972.

(14) Herzberg, F. "Work and the nature of man" World Publishing, 1966.（北野利信訳『仕事と人間性：動機づけ—衛生理論の新展開』東洋経済新報社、１９６８年）

(15) Csikszentmihalyi, M. "Beyond boredom and anxiety" Jossey-Bass, 1975.（今村浩明訳『楽しむということ』思索社、１９９１年）

(16) Vroom, V. H. "Work and motivation" Wiley, 1964.（坂下昭宣ほか訳『仕事とモティベーション』千倉書房、１９８２年）

(17) Porter, L. W. & Lawler, E. E. "Managerial attitudes and performance" Irwin, 1968.

(18) 松岡宏高・松永敬子「２００２ＦＩＦＡワールドカップにおけるボランティアの動機の比較分析Ｉ」『スポーツ産業学会第11回大会号』、２００２年。

(19) 田尾雅夫・川野祐二編著『ボランティア・ＮＰＯの組織論：非営利の経営を考える』学陽書房、２００４年、62-63頁。

(20) 山口裕幸他『産業・組織心理学』有斐閣、２００６年、40頁。

(21) 前掲書(20)、40-53頁。

(22) 田尾雅夫『組織の心理学〔新版〕』有斐閣、１９９９年、１２４-１２５頁。

(23) 伊丹敬之『場のマネジメント』ＮＴＴ出版、１９９９年。

(24) 三隅二不二『リーダーシップ行動の科学〔改訂版〕』有斐閣、１９８４年。

(25) 作野誠一・清水紀宏「地域スポーツクラブの組織形成過程における市町村行政職員の行動とその効果」、『体育・スポーツ経営学研究16(1)』２００１年所収。

(26) 作野誠一「地域スポーツクラブにおける場のマネジメント：創設段階における事例分析から」、『日本体育・

スポーツ経営学会第28回大会号』、2005年所収。
(27) 前掲書(20)。
(28) 金井壽宏『組織変革のビジョン』光文社新書、2004年、168頁。
(29) 金井壽宏『経営組織』日経文庫、1999年。
(30) 前掲書(28)。
(31) 前掲書(28)、206-209頁。

（作野誠一）

第4章 組織行動と発展

1・スポーツ組織の統治と経営戦略

1 スポーツと組織

マネジメントとはそもそも組織による営みであり、スポーツの組織について考えることは、マネジメントについて考える大きな要素を占めている。本章では、スポーツ組織の組織行動とその発展についてガバナンスと経営戦略の重要性、そして経営戦略立案のための組織分析、環境分析などについて考えてみよう。

組織とは「二人以上の人びとの、意図的に調整された諸活動、諸力の体系」とするバーナード（Barnardd, C. I.）[1]の定義が有名である。個人では成し遂げられない目標を達成するために、二人以上の人びとが協働することが組織の働きであり、その働きの体系よって体系関係にある人びとの集まりを組織とよぶ。現代社会にはさまざまな組織が存在しており、スポーツ活動を実施するにしても、多くの場合どこかの組織に所属して活動を行っている。スポーツにおける組織とは、集団種目を実施するために集まった同好会集団から、プロスポーツクラブやスポーツ統括団体まで非常に幅広い。同好会集団においても会費の徴収や活動計画などは存在するものの、それらの活動に組織的なマネジメントが求められているとは言いがたい。それに対してプロスポーツクラブや種目別団体などにおいては、組織の規模は大きく、組織的なマネジメントが実施されている。したがって本章では、ある程度の規模を有するスポーツクラブや種目別団体等における組織行動について考えたい。

スポーツの組織にはさまざまなステークホルダーが存在している。選手や監督、チームのファンはもちろんだが、そのほかにもスポンサー企業や取引企業、自治体や地域住民などがそれにあたる。スポーツはそもそも公共性が高く、特定の権力に屈したり、特定の企業や団体に偏った利益を供するものではない。ステークホルダーの利害関係を円滑に調整しながら、経営を行っていくためには組織のガバナンスが重要であり、スポーツの持つ公共性や公平性を考えると、スポーツ組織においてガバナンスの持つ意味は大きい。

スポーツは社会に大きなインパクトを持つものとして注目を集めている。オリンピックやワールドカップは、世界中の人びとが注目するメガスポーツイベントに成長しているし、さまざまな種目の国際試合は、優良なメディアコンテンツである。スポーツが注目を集めれば集めるほど、その種目の統括団体やチームは多くのメディアによって人びとの目にさらされることになることから、チーム運営や組織経営においては質の高いガバナンスが求められる。

2 スポーツ組織のガバナンス

ガバナンスとは、日本語では「統治」と訳されるのが一般的である。組織には事業運営を遂行する役割とそれを監視・監督する役割が存在しており、両者のバランスが取れることで組織の内部管理がうまく機能し組織統治、いわゆるガバナンスが機能することになる。近年、スポーツ組織において補助金の不正流用や役員人事を巡るトラブル、八百長事件やセクハラ事件など、組織のガバナンスが問われる事案が多くみられる。

スポーツ界に対するガバナンスの適正化については、2010年の「スポーツ立国戦略」における5つの重点戦略の4番目に「スポーツ界における透明性や公平・公正性の向上」があげられた。ここでは、スポーツ団体の組織運営体制の公表、アスリートの意見の組織運営への反映、女性役員の積極的な登用、運営状況をチェックする外部機関の設置、スポーツ仲裁自動受託条項の採択をはじめとしたスポーツ紛争の迅速・円滑な解決の取り組みなどがあげられ、スポーツ界のガバナンスの強化が目標として示された。その後、2013年に施行されたスポーツ基本法では第5条において「スポーツ団体は、スポーツの振興のための事業を適正に行うため、その運営の透明性の確保を図るとともに、その事業活動に関し自らが遵守すべき基準を作成するよう努めるものとする」と定めており、組織内の自助努力においてガバナンスが機能することを期待している。

スポーツ団体に文部科学省から支給されている強化費をはじめとする助成金は、税金から支出されている。また、日本体育協会をはじめ多くの競技団体は「公益財団法人」であり、公益事業を主目的としている法人である。従って、スポーツ団体には高い次元で社会的責任が問われることは言うまでもない。現在では、日本スポーツ仲裁機構が競技者や監督・コーチ、競技団体とのトラブルを仲裁する機能を果たしているし、日本スポーツ振興センターでは、暴力行為に関する第三者相談窓口を設置するなど、組織内のトラブルや問題に対して組織外からの解決に向けたアプローチは充実し始めている。

ガバナンスを機能させるためには、組織の行動目標が明確であることが不可欠と言えよう。行動目標が明確であれば、行動目標に照らして予算の使い方が適正か、事業運営が的確かのチェックができる事になり、ガバナンスが機能することになる。我が国の中央スポーツ団体においては、強化と普及をどのような比率で行うのか、大会での目標順位をどこに置くのかなどと言った行動目標・運営方針が明確ではないために、そもそもガバナンス作成の基礎となる行動計画の立案ができない。今後わが国のスポーツ組織のガバナンス改革がさらに進んでいくプロセスにおいて、組織の行動目標の明確化や、監督官庁を含めたガバナンス・ネットワーク(2)の構築が求められる。

3 スポーツ組織の経営戦略

わが国のスポーツの発展に、スポーツ種目別団体の果たしてきた役割は大きい。しかしながらこれらの団体のおかれた組織環境は保守的で、経営戦略を立ててオペレーションを実施するというスタイルとはなじみの薄いものであった。その背景にはわが国のスポーツ振興制度があげられる。わが国のスポーツ振興において、学校の体育と企業スポーツが果たしてきた役割は大きい。プロ野球などといったプロスポーツも存在はしていたが、チームの経営システムは、基本的に企業スポーツにきわめて近い運営スタイルであったといえる。スポーツ組織の商品が試合であるとするならば、それを購入する顧客＝観戦者を獲得し、そのことによって財源を獲得することが通常のビジネスである。しかしながら、企業スポーツにおいては、経営上の赤字を出してもそれは親会社が補填してくれる仕組みになっているのに加えて、試合ともなれば自社の社員に動員がかかり、会場では社員応援団という名の観客がチームの応援を行っていた。このように、チームのマネジメントにおいて最も重要な目的である財源と観客の両方が親会社によってまかなわれてきたために、各チームはチームや選手の強化のための活動に集中することができたのである。

しかしながら、財源と観客を確保してくれていた企業スポーツという仕組みが変化を見せ始めている。企業とスポーツとのかかわりは「所有」から「支援」へと変化し始め、自社の社員として選手を所有する〝実業団スポーツ〟から、大会やイベントを〝スポンサー〟として支援する方法へと様変わりしてきた。したがって、企業から独立を余儀なくされたチームは、自らの手で財源を確保し、観客の確保に努力をしなければならない状況になってきた。このような状況下においては、経営資源を獲得し、それを効率的に用いて最大の効果を得ようとするマネジメントが必要となる。スポーツを取り巻く環境は常に変化しており、絶えず変化に対応した戦略を検討しなければならない。「己を知り（内部環境分析）敵を知れば（外部環境分析）百戦危うからず」であり、科学的な手法を用いた経営戦略の立案は不可欠である。

4 組織行動と個人——組織コミットメントの視点

組織行動は組織に所属する個人の行動の集積であり、個人がどのように行動するのかを考えることは組織行動を読み解く鍵になる。組織行動をそこに所属する個人の視点から見てみると、「態度」「モチベーション」「職務満足」「組織コミットメント」「リーダーシップ」などといったキーワードが浮かび上がってくるが、人材マネジメントにおいてはメンバーの組織コミットメントを高め、組織の業績を高めていく必要がある。メンバーの組織へのコミットメントは、「組織の目標や価値観への共感」「組織のための惜しみない努力」「組織のメンバーであり続けたいという情緒的一体感」の三つの要素によって成立する。スポーツ組織においては、〝スポーツ〟という共通のフィールドに立った価値観の共有、メンバーの一体感によるメンバーであり続けたい強い願望、そしてボランティアシップに支えられた組織のための努力や、組織の価値観への強い共感を基盤とした組織のための惜しみない努力などが特徴的と考えられる。

バックマン（Backman, S. J.）(3)は、スポーツ参加者による施設へのロイヤルティ研究の分析枠組みにおいて、態度的側面と行動的側面の両面からの分析を指摘している。この枠組を元に考えると、組織コミットメントに関するこれら三つの要素においても、〝態度的側面〟と〝行動的側面〟に分類することができる。「組織の目標や価値観への共感」「組織のメンバーであり続けたいという情緒的一体感」は態度的な色彩が強いが、「組織のための惜しみない努力」は行動的な色彩の強い要素である。態度的側面と行動的な側面のコミットメントがバランスよく存在することで、組織は業績を高めることが可能となる。

図13には、これら三つの要素の関係とコミットメントの形態との関係が示されている。組織に対する惜しみない努力と組織の持つ価値への共感を持ち合わせながら、メンバーであり続けたいという強い願望がない

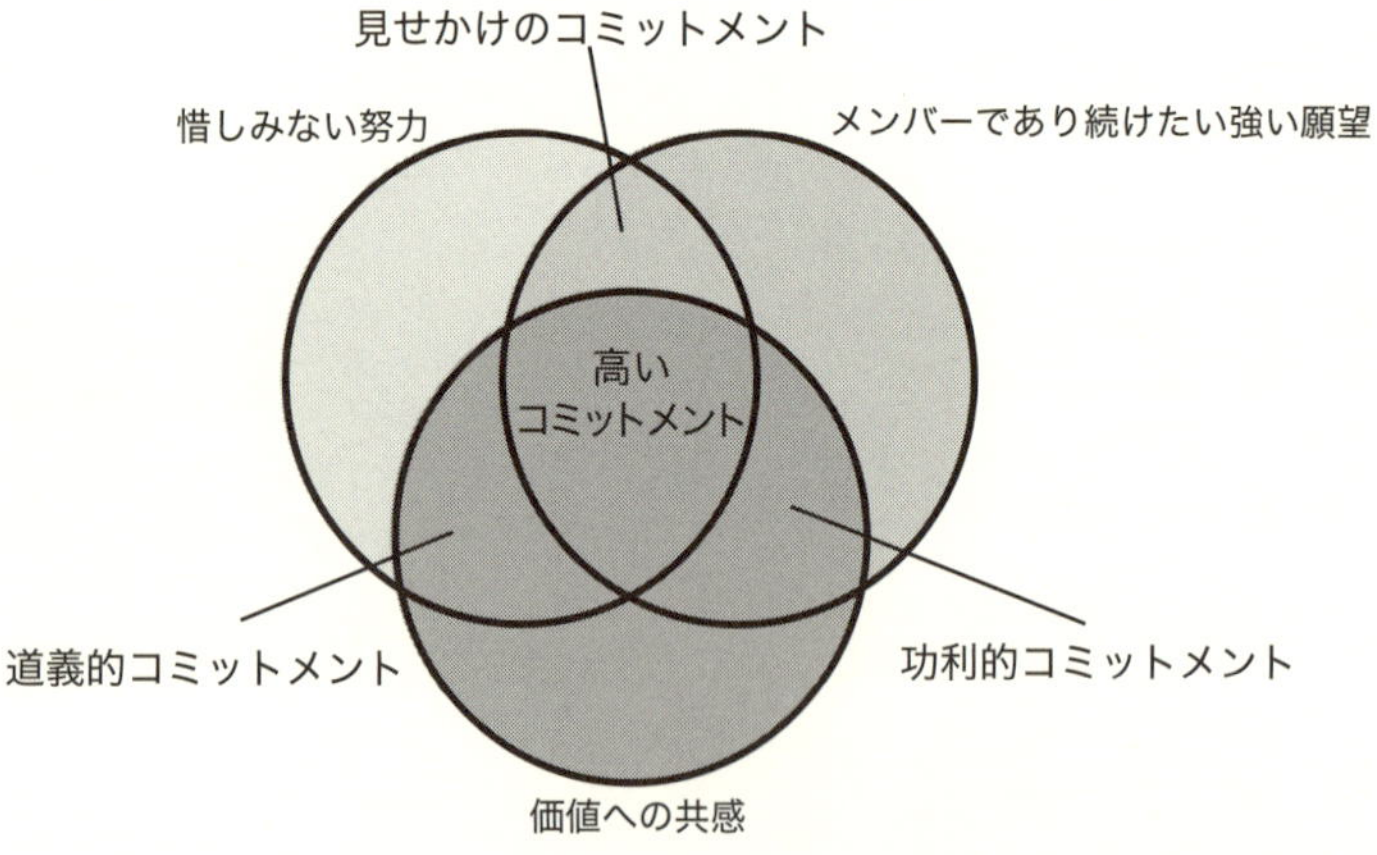

図13　組織コミットメントモデル

場合、組織へのコミットメントは道義的であると考えられる。長い間所属しているからとか、役割でやむを得ないから組織に所属しているといったことが考えられる。次にメンバーであり続けたい願望を持ち、価値への共感はあるものの、組織のための行動がともなわない場合、功利的なコミットメントが考えられる。個人が組織に所属していることによって何らかのメリットを得ている場合、組織のための行動がともなわず、所属してそのメリットだけを得られればよいと考えるようになる。また、組織のための努力行動があり、メンバーであり続けたい強い願望を持っていても、組織の価値への共感がない場合のコミットメントは見せかけであると考えられる。所属する組織の価値への傾倒がなければ、その場合のコミットメントはもろい。

2・組織の外部環境分析と市場分析方法

1 組織と環境分析

組織をとりまく社会環境はさまざまなものがある。たとえば、経済状態や政策展開、人びとの消費動向を始め、スポーツ大会の開催、スター選手の存在などである。組織をマネジメントしていくためには、組織を取り巻くこれらの環境分析を行い、経営戦略を立案していくことになる。そのプロセスは、図14に示されている。まず組織の使命に照らして経営目標を設定する。その後、組織を取り巻く外部環境の分析を行って、組織が置かれている現状について把握する。次に組織の内部環境分析を行い、自組織の持つ経営資源について把握したうえで、SWOT分析を行い、経営戦略を策定するというプロセスである。

2 環境分析とSWOT分析

スポーツ組織が、目的の達成をめざして経営戦略を立案するにあたっての出発点は、まずそれぞれの組織の置かれている環境を分析することである。組織の置かれている社会は絶えず環境が変化しており、変化に対応した組織運営をしなければ、組織としての存続が危ぶまれる状況に陥ってしまう。組織の置かれている環境は、〝外部環境〟と〝内部環境〟の二通りに分類することができる。外部環境とは組織をとりまく環境のことであり、内部環境とは、組織が所有する経営資源や組織風土のことを意味する。

組織環境の分析において広く用いられる方法に「SWOT分析」がある。SWOT分析とは「Strength（強み）」「Weakness（弱み）」「Opportunity（機会）」「Threat（脅威）」のことでそれぞれの頭文字をとってSWOT分析とよばれる。図15には、SWOT分析のグリッドが示されている。「強み」と「弱み」は内部環境分析によって明らかにされる項目である。他の組織との比較において、自組織に特徴的な資

図 14　環境分析のプロセス

源を持ち合わせていれば、それが強みとなるのに対して、組織内に欠点や不足しているものがあれば、それは組織の弱みといえる。一方、「機会」と「脅威」は、外部環境に関する項目である。組織の外部で起こっている変化のうち、自組織の追い風になるような内容は機会にあたるし、向かい風となるような場合には脅威となる。ここで注意すべき点は、組織間競争の視点に立つならば、機会はライバル組織においても機会であるということである。したがって、自組織がその機会に対応して強みを生かせるかどうかで真の機会であるか否かが示される。また、強み、弱み、機会、脅威は流動的である。強みだと考えていたことは容易に弱みに転じるし、弱みであると考えられることの中に強みを生み出すヒントが隠

表6　指定管理受託を目指すスポーツ組織の強み―弱み，脅威―機会の例

弱　み	強　み
• 専門職としての人材不足 • 公共事業の受託実績不足 など	• 地域住民との協働活動の実績 • NPO法人としての公共性 など
脅　威	**機　会**
• 大企業の入札への参加 • 異業種からの参入 など	• 指定管理者制度の導入 • JV方式での参入可能性 など

図15　SWOT分析の枠組み

されている場合もある。

ＳＷＯＴ分析においては、これらのことを考慮して、自組織の「強み」「弱み」「脅威」「機会」について検討し、図15のグリッドに当てはめていく。それぞれの項目がリストアップされたら、次は、「組織の強み」と「機会」を生かしたどのような〝花形商品（プログラム）〟を開発できるかについて検討することになる。また、〝金のなる木〟とは、社会的な脅威が取り除かれれば有効な商品となり得ることから脅威を取り去ることができるか、また強みによって脅威による悪影響を回避するための戦略を検討することになる。また、〝問題児〟とは、機会が広がっているにもかかわらず組織的な弱みから利益を獲得できないでいるような場合である。せっかくの機会を逃さないための対策を検討することになる。また、市場に脅威があり、組織的に弱みを持つ領域からは〝負け犬〟となって、撤退をすることになるが、弱みと脅威によって最悪の状態を回避するためにどうすればよいのかを検討することになる。

3 市場分析とPEST分析

市場分析の視点には、マクロ環境の分析、ミクロ環境の分析の二つの視点がある。その中の、マクロ環境分析において、四つの切り口、すなわち「政治的環境要因（Politics）」「経済的環境要因（Economic）」「社会的環境要因（Social）」「技術的環境要因（Technology）」の四つの視点についての分析を「ＰＥＳＴ分析」とよぶ。

まず、政治的環境要因について考えると、スポーツビジネスは、政治的環境に大きく影響を受ける。オリンピックやワールドカップなどのメガスポーツイベントの誘致には政治的決断が必要な場合が多く見られる。また、Ｊリーグを始め、プロスポーツチームが拠点施設として活動するスタジアムやアリーナは、国立、または都道府県立の公共施設であることが多い。また、１９９４年には製造物責任法（ＰＬ法）による損害賠償責任が規定され、スポーツ用品業界やレンタル業界は大きな影響を受けることになった。さらに２０１２年に策定されたスポーツ基本計画はスポーツ振興に直接的に影響力を持つ政治的要因である。以上のように、スポーツの市場分析において、政治的要因は無視できない大きな影響力を持っている。

二つめの視点として経済的環境要因があげられる。スポーツサービスの購入や観戦なども含めてスポーツ消費者の購買意欲は、経済状況に大きな影響を受ける。スポーツ関連支出は余暇関連支出に含まれるが、この領域の支出は、経済的な要因に大きく影響を受ける。景気の変動によって同じ余暇産業界にどのような影響がおこっているかを知ることも重要である。

三つめは、社会的環境要因である。人口動態の変化や、国民のライフスタイル、関心の変化などがあげられる。少子化によって子どもたちを対象としたスクールビジネスは大きな影響を受けるし、高齢社会への移行にともなってフィットネスビジネス領域でもシニア層への対応を迫られることになる。また、団塊世代のライフステージの変化は、消費市場全体に影響を与えることになる。加えて、社会の関心事の変化では、環境問題や食育の問題などがあげられる。社会的環境要因においては、社会的に大きな出来事による一時的な関心の高まりではなく、大きな社会的変化としてとらえるべきであろう。

最後に技術的環境要因があげられる。ＩＴ技術の発展は、スポーツビジネス領域においても大きな影響を受けている。プロスポーツの観戦者は、チームのウェブサイトから情報を得ているし、ファンクラブ会員への情報発信ツールとしてのメール配信ネットワークは、スポンサー企業にとっては魅力的なネットワークである。競技場内の広告看板においても、テレビ中継時にははめ込み映像を配信することが可能になるなど、スポンサーのあり方にも影響を与えている。今後、立体映像投射技術の発展などによって、スポーツ観戦ビジネスなども大きく様変わりすることが考えられる。

3・組織の内部環境分析

❶内部環境と経営資源

組織が所有する経営資源は内部環境のファクターである。経営資源は伝統的に「ヒト」「もの」「カネ」「情報」といわれる。「ヒト」について考えると、組織の人材のみならず、組織が持つ人脈や組織の発展のために力を注いでくれるボランティアスタッフなども人的資源に含まれる。スポーツビジネスの中核的なプロダクトはサービスであることから、「もの」の視点のとらえ方に独自性がある。商品としてのサービスプログラムはもちろん、新たなプログラム開発力に加えて、非可視的資産（intangible assets）としてのブランド力やレピュテーションなども重要である。組織の財源を意味する「カネ」の視点では、所有する資金、資金を調達可能とする信用力などがあげられる。「情報」とは組織に関する情報のことで、選手のコンディションや試合に関する情報などさまざまである。また、組織の風土や文化、組織のライフステージなども内部環境に含めることができる。

これらの経営資源は有形のものと無形のものに分類できる。人材や施設、資金などは有形であるのに対して、ブランドイメージや組織の信用、などは形がなく、目で見ることはできない。無形の資源は構築するのには長い時間をかけて構築されていくものであり、それだけに経営資源としては非常に重要なものとなる。

内部環境分析は、これらの内部環境の分析を行うものであり、マーケティング戦略立案の初期段階において行われる。

4・競争優位を構築するための基本戦略

1 競争優位とは

競争優位とは、ターゲット市場に対して、競合する他社よりもうまく価値を提供する仕組みである。スポーツビジネスにおいては同じような製品やサービスを複数の企業が提供しており、独自の価値創造がなければ競争優位を確立することはできない。ポーター（Porter, M.E.）[4]は、競争優位となるための三つの基本戦略として、「コストリーダーシップ戦略」「差別化戦略」「集中戦略」をあげている。スポーツビジネスにおける競争優位の構築とこれら三つの戦略について考えてみよう。

2 コストリーダーシップ戦略

コストリーダーシップ戦略とは、同じクオリティの商品を提供するにあたって、競争他社よりもコストを下げて、まねのできない値段で提供しようとする戦略である。この戦略においては、商品やサービスが同じクオリティであるかどうかを、顧客に理解させることができるかどうかが重要である。スポーツサービスを提供するビジネスの場合、スポーツサービスの本質は経験価値の創造にある。このような場合、こちらが提供する経験は同じでも、人によってそこで得られる価値の評価はまちまちである。さらに顧客が生産に直接参加するサービス産業においては、同じサービスであっても提供するサービスのクオリティを一定に維持するのは困難である。それは、顧客が生産に参加することによって、サービスのクオリティに大きく影響を与えることになるからである。フィットネスプログラムのクオリティは、参加者の人数や〝ノリ〟によって大きく左右することになる。また、プロスポーツの観戦ビジネス領域においては、勝敗や試合の内容を完全にコントロールすることは不可能であることから、同じクオリティの商品を安く提供するというコンセプトそのものが成立しないといえる。したがって、スポーツサービス産業においてはコストリーダーシップ戦略を選択するには、リスクが大きい。近年、小規模な店舗でリーズナブルな料金で手軽にエクササイズを実施できるような形態のフィットネス施設が登場している。このような場合は、コストを下げるということだけではなく、気軽に参加できるというコンセプトの差別化と見るべきであろう。

3 差別化戦略

差別化戦略とは、消費者にとって価値のある何かについて、競合他社と異なる特異性を持つことによって競争優位を獲得しようとする戦略である。商品そのものや商品のプロモーション、あるいはブランドイメージなどが生み出す価値を、消費者が認識できる形で提供しなければならない。スポーツビジネスの中核は、サービスマネジメントである。サービスには非可視性、すなわち商品そのものが目に見えないという特徴があることから、顧客による差別化の認識を得ることがとくに重要である。フィットネスビジネスなどにおいては、提供するサービスに付加価値をつけて差別化を図ることをめざしている。たとえば、一流ホテルのフィットネスクラブにおいては、入会資格を設けたり、高額な会費設定に見合ったサービスの提供によって差別化を行っている。スポーツ用品市場においても差別化戦略は有効である。同じ機能を持った用具であっても、スター選手のレプリカモデルなどとなれば、商品の持つイメージを差別化することができる。単に何か新しいプロダクトを提供するということではなく、他者が容易にまねのできないシステムを構築しなければ差別化されたとは言いがたい。

差別化戦略を効果的に進めるためには、まずターゲット市場の選定を行わなければならない。市場にはさまざまな選好を持つ人びとが存在しており、それらの人びとの中から同一の選好を持つセグメントを抽出してターゲット市場を決定し、ターゲット市場の持つ特定のニーズに合わせてプロダクトの差別化を行っていく。単一のプログラムですべての人びとのニーズを満たそうとすることを〝エブリバディトラップ〟とよぶが、差別化戦略においてはこのような罠に陥らないようにしなければならない。

差別化戦略は、プロダクトライフサイクルにおける成熟期から飽和期において重要となる戦略である。成長期において販売が拡大してきた商品が、成熟期においてはその成長が鈍化し、近い将来頭打ちとなる飽和期にさしかかることを予見させてくれる。そのような段階においては差別化戦略が重みを増してくることになる。さらには、流通チャネルやコンセプトを差別化することも重要である。プロスポーツリーグのマネジメントにおいてはチケッティングのシステムを他の競技と差別化して手軽にチケットが手にはいるようにしたり、チームのコンセプトを明確にすることによって、他のチームや他の競技から差別化をすることができる。さらに、スポーツへの参加や観戦行動は、時間消費ビジネスであるという視点に立てば、われわれが差別化を図るべき相手は、同じ種目でのスポーツクラブやチームではなく、レジャーランドや映画館、ショッピングセンターとも考えられるわけで、そういう視点での差別化をめざしていくことが重要である。

4 集中戦略

差別化戦略においては、商品やブランドイメージなどを差別化するが、それは、差別化された商品をどのようなターゲットに向けて発信するかに深くかかわっている。市場を細分化し、ある特定のターゲットマーケットを決定し、そのマーケットのニーズに応えるような差別化された商品を開発するわけだが、単一のターゲット市場に集中的に資源を投入するような戦略を「集中戦略」とよぶ。差別化戦略において多くのターゲットに対してそれぞれにあった製品を投入することと比べて、特定のターゲットにねらいを絞って集中的にプロダクトを投入する集中戦略は、コストを低く抑えることができるし、戦略の立案を比較的容易に行うことができる。

集中戦略においては、ターゲット市場の決定が重要である。通常、最も素早い反応を示すセグメントをターゲット市場として選びたくなる。しかしながら、反応の素早いターゲットに対しては、多くの企業が魅力を感じており、すでに飽和状態となっている可能性がある。スポーツ組織においては、大規模事業者のフォーカスしにくいニッチをターゲットとして選ぶことも有効である。スポーツをしたくても機会がないと感じている人びとは多く存在しており、このような人びととのスポーツ参加への障壁を取り除くことができれば、帰属意識の高い安定した顧客を獲得することができる。地域のスポーツＮＰＯが、学童保育の運営を行政から受託して運営するビジネスであったり、選手人口の少ない種目の教室やチームを運営するなどといった事例は、集中戦略をとっている事例ということができる。

5 選択すべき戦略

ＳＳＦの調査では[5]、1年に一度も運動やスポーツをしていない人は26・４％、不定期的な参加者（年1回以上、週2回未満）は28・１％で、合計すると54・５％にのぼる。また、一年間に競技場で直接スポーツを観戦していない人は62・９％になっている。これらのデータは、スポーツ参加や観戦には大きな潜在的マーケットが存在していることを示している。キムとモボルニュ（Kim, W. C. & Mauborgne, R.）は「ブルー・オーシャン戦略」を提唱している。それは、既存の市場で競争戦略を繰り広げる（レッド・オーシャン戦略）のではなく、新たな市場（ブルー・オーシャン）で需要を掘り起こすことによって、競争から抜け出そうとする戦略である。現在スポーツをしていないが将来スポーツへのかかわり（する・見る・支える）を希望する人は多く、スポーツビジネスにおいては広大なブルー・オーシャンが広がっていると考えられる。

ブルー・オーシャン戦略[6]の実施においては、「新たな価値市場」をどのように定義するかが重要である。スポーツをしたいと思っていながら実際には行っていない人の特性はさまざまであり、未知なるブルー・オーシャンの中から、大きな魚を釣り上げるためには、魚を見つけ出す技術と知識が必要である。１９９３年、プロサッカーリーグ〝Ｊリーグ〟は、これまで主としてプロ野球がほぼ独占状態であったプロスポーツリーグ市場に参入した。このことで、プロ野球とパイの奪い合

表7　スポーツビジネスにおけるオーシャン戦略

レッド・オーシャン戦略	ブルー・オーシャン戦略
スポーツに参加している人を集める	スポーツをしていない人を取り込む
他の組織に打ち勝つ	他の組織と協働関係を構築する
既存の参加者のニーズに応える	スポーツの新たな価値を創造する
非差別化戦略による非効率的な戦略	ターゲットへの集中戦略による効率化
慣例による組織管理	集中戦略による価値の明確化による組織マネジメント

（キム・モボルニュ，2005を参考）

いになるかと思われたが、現在では両リーグはそれぞれファン層の棲み分けが行われながら、健全に運営を行っている。一方、2005年にはプロバスケットボールリーグbjリーグが設立された。プロ野球やプロサッカーの開催されない冬期にインドアで開催することによって、冬場のプロスポーツの魅力を創出しようとする試みは、順調に定着しつつある。これらは、いずれもブルー・オーシャン戦略の成功事例といえる。すなわち、お互いのマーケットから顧客を奪い合うどころか、プロスポーツ市場の活性化に重要な役割を果たす結果となった。

表7には、スポーツビジネスにおけるレッド・オーシャン戦略とブルー・オーシャン戦略が示されている。スポーツビジネスにおけるブルー・オーシャン戦略は、スポーツを「する」「見る」「支える」人びとの増加を意味し、市場の活性化を望ましい形で確立してくれるものと思われる。

【引用文献】

(1) Barnard, C. I., 1968.（山本安次郎訳『新訳経営者の役割』ダイヤモンド社、１９６８年）
(2) 堀雅晴「ガバナンス論研究の現状と課題：〝スポーツのグッドガバナンス〟に向けて」体育・スポーツ経営学研究第27巻、２０１４年、５‐21頁。
(3) Backman, S. J., Crompton, J. L., Journal of Park & Recreation Administration Summer 1991: Vol. 9 Issue 2. p. 1-17.
(4) Ｍ・Ｅ・ポーター著、土岐坤、中辻萬治、小野寺武夫訳『競争優位の戦略』ダイヤモンド社、２０００年。
(5) ＳＳＦ笹川スポーツ財団『スポーツライフデータ２００４』笹川スポーツ財団、２００４年。
(6) Ｗ・チャン・キム、レネ・モボルニュ著、有賀裕子訳『ブルー・オーシャン戦略』ランダムハウス講談社、２００５年。

（冨山浩三）

第5章 スポーツマネジメントに必要な法知識

1．団体と法

1 団体の法人格

スポーツ団体には、何らかの法人格を持つ組織と法人格を持たない任意の団体が存在する。法人には、営利を目的とするもの（会社）と営利を目的としないものがある。スポーツでは、プロスポーツの球団などを除き、ほとんどが非営利の団体である。非営利団体には、「一般社団法人及び一般財団法人に関する法律」にもとづく「一般社団法人」と「一般財団法人」がある。そして、両者のうち、審査をうけて認定されれば、「公益社団法人」あるいは「公益財団法人」となることができる。

非営利であるが公益性が低いために、公益法人としての認可を取得できない団体は、特定非営利活動促進法（ＮＰＯ法）に基づく特定非営利活動法人（ＮＰＯ法人）となることができる。ＮＰＯ法では、17の特定活動の中に、①保健、医療または福祉の増進を図る活動、④学術、文化、芸術またはスポーツの振興を図る活動、⑥災害救援活動、などが規定されている。

法人格は持たないが団体としての組織を備え、多数決の原則が行われ、構成員に変更があっても団体が存続し、その組織において代表の方法、総会の運営、財産の管理など団体としての主要な点が確定している団体を権利能力なき社団という。多くのスポーツ集団がここに含まれる。

営利法人には、いわゆる会社が相当する。従来、商法により、株式会社、有限会社、合名会社、合資会社が規定されていたが、２００５年に制定された会社法により、資本金がいくらでも株式会社の設立が可能となった。具体的には、旧商法下で導入された株式会社は資本金１０００万円以上という最低資本金制度が撤廃され、それに伴い、新たな有限会社の設立が認められなくなり、株式会社に一本化された。なお、既存の有限会社はそのまま存続できる。

法人格を持つ意義として、法的主体になれることや社会的信用を得られることなどがあげられる。法的主体になれるということは、組織名で契約が締結できる、組織として訴訟の当事者となることが可能ということである。そのため、（公財）日本体育協会では、スポーツ少年団や総合型地域スポーツクラブ等に対して、ＮＰＯの法人格を取得するよう指導している。

2 公益法人制度改革

従来、民法の規定により公益法人制度（社団・財団）が整備され、非営利であるが公益性が低い団体は特定非営利活動促進法（NPO法）に基づき特定非営利活動法人（NPO法人）、さらに権利能力なき社団として扱われていた非営利団体のうち、とりわけ公益性の低い団体には中間法人法による中間法人の設立が可能であり、多くのスポーツ団体がいずれかの非営利法人として活動していた。

しかしながら、2006年5月に「一般社団法人及び一般財団法人に関する法律」、「公益社団法人及び公益財団法人の認定等に関する法律」、「一般社団法人および一般財団法人に関する法律及び公益社団法人及び公益財団法人の認定等に関する法律の施行に伴う関係法律の整備等に関する法律」が成立し、2008年12月に施行され、公益法人制度の抜本的な改革が断行された。具体的には、主務官庁による公益法人の設立許可制度を改め、登記のみで法人が設立できる制度が導入された。

新法の施行にともない、公益法人について規定していた民法34条と中間法人法は廃止されるため、旧公益法人は存続の法的根拠を失い、新法施行日から5年を経過するまでの期間内（2013年11月末日まで）に行政庁の認定を受け、かつ登記することにより「一般社団法人」または「一般財団法人」として存続できることとなった。

また、法人の設立と公益性の判断を分離させ、公益目的事業を行うことを主たる目的とする一般社団法人、一般財団法人から申請があれば、内閣府内に設置される有識者等でつくる公益認定等委員会が公益性の有無を審査し、認定されれば「公益社団法人」「公益財団法人」となることが可能となった。公益法人と認定されれば、収益目的事業が法人税の課税対象から外れるなどの優遇措置が受けられるようになる（公益認定法第2条の4）。

旧制度下の公益法人は、多くが一般社団・財団法人あるいは公益社団・財団法人に移行した。しかしながら、2014年7月、内閣府は全日本テコンドー協会の公益社団法人の認定を取り消した。同協会は、不正経理などの不祥事が続いたため内閣府から2度の是正勧告を受けていたので、自ら返上を申し出た。これにより、2019年7月までの5年間、公益認定の申請ができない。その後、一部の会員が同協会を離脱し、全日本テコンドー連盟を設立し、二度目の分裂状態に陥った。

2・団体の機能・役割・義務

1 団体の自治

憲法が保障する結社の自由にともない、私的団体には〝自治〟が認められている。団体は、裁量権の範囲で各種規則を定め、規則に違反した場合には罰則を科すこともできる。スポーツ団体もこの私的団体に当たり、団体による自治が認められている。競技団体による規則の制定や違反者に対する処分、国際大会への選手選考などは、重大な法令違反や人権侵害がない限り、団体の裁量に委ねられている。ゆえに、自治の根幹である規則が重大な役割を担っている。

2 規約・ルール

自治は、団体の規則に基づいて行われる。規則といっても、団体と会員（選手）の関係など主に団体の基本的事項を規定する規約や、競技の進行等が定められた競技ルールなどさまざまなものがある。ルールをはじめ団体の規則は、当該団体社会における申し合わせや約束ごとといった自律的規範であり、裁判規範にも成りうるものである。規則の策定は、団体の責務の一つであり、法人格を取得するうえでも必要不可欠の条件となる。

団体は自由に規則を策定できるわけではない。そこには、一般社会における公序良俗に反しない内容が求められる。団体の策定したルールの中には、明確な法律違反にはあたらないが、合理的な理由が見つからないものがある。プロ野球選手の肖像権の帰属をめぐって争われた裁判で、裁判所は、選手会の申立自体は斥けたが、判断の中で「（野球協約に基づく統一）契約書は長年変更されておらず、時代に即して再検討する余地がある」と指摘した(1)。

また、わが国のスポーツ界には、所属チームを変更する際に選手に一定の制限を加える規約を持つリーグが多い。たとえば、プロ野球では、本人の意思に関係なく移籍が通告される（日本プロフェッショナル野球協約106条）。規則上、移籍は保留権の譲渡であるが、この保留権は引退後も存続する。バレーボールのVリーグでは、「参加チームの登録構成員（選手）は、本大会開幕の30日前より本大会全試合終了日および入替戦終了日まで、他のチームに移籍することは出来ない」（参加チーム登録規程13条）と定めている。これ以外の期間に別のチームに移籍し新たに登録を申請する場合には、基本的に「前のチームを退部または退社の日から1年を経過しないと選手として各リーグに出場はできない」（同14条）と定めている。また、前チームが発行する退部証明書の提出も求めている。同様の規定は他の競技にもみられる。このようなルールは、引抜き防止を意図して策定されているが、引抜きであるならば、選手個人ではなくチームに対して何らかのペナルティを課すべきである。

チームスポーツなら、戦術の流出防止として一定の移籍制限は理解されるだろうが、個人競技でも同様のルールがある。日本実業団陸上競技連合は、「移籍者が実業団所管の各種大会に出場する場合、原則として連合に申請の日から6ヶ月とするが、同年度内には出場することができない」（登録規程8条）と規定している。この規則の合理的理由はどこにあるのだろうか。プロサッカーのように契約満了後は自由に移籍が可能なリーグもある。選手の移籍がすべて引抜きによるものとは考えがたいし、チーム・マネジメントとしてはよいのかもしれないが、その集合体であるリーグのマネジメントとしては、決して評価されるものではない。

規約類を見直し、目的と成果を検証することはマネジメントの必須事項である。

3 団体の義務

団体の義務の一つは、納税である。非営利団体が多いスポーツ団体であっても、納税は義務である。2006年、関東ラグビーフットボール協会が東京国税局の税務調査を受け、申告漏れを指摘されている(2)。問題となったのは、課税対象となる収益事業に計上すべき大会の収益を税務申告していなかったということだったが、非営利団体の収益事業の扱いでは、しばしば見解の相違が生じる。非営利団体が対象となる税には、法人税、所得税、法人住民税、事業税、消費税などがある。どのような条件で課税対象となるかは、それぞれの税によって異なる。

法人税について、公益法人は営利を追求しない団体であるので、本来の事業に対しては課税されないが、収益事業として特定された事業から生じた所得は課税の対象になる。NPO法人は公益法人とみなされるので、ここに該当する。権利能力なき社団は、代表者・管理者の定めのある任意団体であるが、やはり、公益法人と同じように扱われる。

公益法人の収益事業については、法人税法施行令5条が事業の種類および該当するもの、除外されるものについて定めている。公益社団/財団法人と認定されると、収益事業から公益目的事業に該当するものを除外して法人税が課税される。公益目的事業は公益社団法人及び公益財団法人の認定に関する法律の第2条の4に規定され、スポーツでは「教育、スポーツ等を通じて国民の心身の健全な発達に寄与し、又は豊かな人間性を涵養することを目的とする事業」が該当する。

4 公平・公正な団体運営

近年、社会全般で「コンプライアンス（法令遵守）」が問題となっている。スポーツ団体も同様だが、そこでいう「法令」とは、単に議会で制定された〝法律〟のみをさすのではなく、マナー、フェアプレーといった不文律も含まれる。スポーツ団体には、コンプライアンスを含む新たな自治のあり方（ガバナンス）が求められている。ガバナンスには、「意思決定に求められるもの、運営に関して求められるもの、財務に関して求められるもの、不祥事や紛争などの場面で求められるもの」などがあり、「役員の構成、職務および権限」、「役員会に関する手続」、「ガバナンスシステム」、「役員会の報告及び業績」、「利害関係者との関係報告」、「倫理的かつ責任ある意思決定」などが要求されている(3)。

たとえば、オリンピック代表選考をめぐる千葉すず選手によるスポーツ仲裁裁判所への提訴を契機に、オリンピックなどの国際大会への日本代表選手の選考にあたっては、多くの団体が事前に選考基準を公表するようになった。規模の小さなスポーツ団体であっても、適切な運営が求められている。日本スポーツ仲裁機構（ＪＳＡＡ）の仲裁判断では、日本身体障害者水泳連盟の対応が「選考基準（年齢、健康、品位）が不透明であること、基準の運用もちぐはぐで申立人において自己を恣意的に排除しているのではないかと疑われても仕方がないこと、などの点につき、不適切であった。また、相手方は、ボランティアによる少人数の運営であることを強調するが、だからといって競技者に重大な影響のある選考の基準や手続きが不透明であったり、恣意的であったりしてよいということにはならない。仮にそれが肯定されるならば、相手方がわが国の代表選手を選考する団体として社会的期待に応えるだけの組織および体制といえるのか、疑問である」と指摘している(4)。

同様のことは、プロスポーツの世界でも言える。2004年秋に起きたプロ野球の騒動では、選手会労組による球団合併の差し止め請求に対して東京地裁は、合併の差し止め申請は却下したが、「選手会は日本プロ野球組織との団体交渉の主体になりうる」と認定した。そして、合併にともなう選手の労働条件については団体交渉が義務的に必要になるなどと指摘し、それまで選手会労組を認めなかった機構側の主張を覆した。

スポーツのレベル、団体の規模にかかわらず、私的自治においては、社会的責任を果たすべく一般社会の規範に基づいた公平で公正な運営が求められている。

3・スポーツ指導サービスをめぐる法的問題

1 法的責任

フィットネスクラブなどの企業であろうとボランティア集団である地域のスポーツクラブであろうと、スポーツ指導というサービスを提供する場合に、提供者側には、サービスを受ける者の身体の安全を守る一定の責任が発生する。いわゆるスポーツ事故をめぐる責任には、道義的責任と法的責任があり、法的責任には、損害賠償責任と刑事上の責任、行政上の責任が含まれる。本項では、損害賠償責任について論じる。

損害賠償責任には、主に不法行為によるもの（民法709条）と債務不履行によるもの（民法415条）がある。

①不法行為責任

不法行為による損害賠償責任とは、加害行為者の故意や過失により損害を被った被害者に対して、加害行為者がその損害を賠償する責任を負うというものである。不法行為が成立するためには、加害行為に違法性があること、発生した損害と加害行為の間に因果関係があること、などが要件となる。

具体的には、サービス提供者が事故（危険）の発生を予見し得たかどうか（予見可能性）、予見された結果（危険）を回避する義務を履行したかどうかが問題となるが、参加者や指導者の年齢や能力、主催者なのか施設管理者であるか、それぞれの立場に応じて総合的に判断される。

ただ、指導者個人では、資力の点から損害の賠償が不可能となり、結果的に被害者が救済されないおそれがある。そのため、被用者が他人に損害を与えた場合には、使用者に損害を賠償する責任が認められていて（民法715条：使用者責任）、民間スポーツクラブ等では経営者（企業）が損害を賠償する責任を負う。その場合、地域のスポーツクラブでは、法人であれば法人が使用者となるが、法人格を持たない任意団体であれば使用者責任は適用されない。

②債務不履行責任

債務不履行による損害賠償責任とは、スポーツ指導サービスの提供者と利用者の間を契約関係ととらえ、その契約には当該スポーツ活動に参加する者の身体の安全が保障されているところ、契約に違反して事故を発生させたため（安全配慮義務違反）、その損害を賠償する責任を負うというものである（民法415条）。ここでも、主として過失の有無が問題となる。フィットネスクラブやテニスクラブなど民間のクラブと会員の関係がこの契約関係に該当する。スポーツ少年団などのボランティア組織と参加者の関係もスポーツ指導契約と考えられている。

債務不履行責任の場合、賠償の責任を負うのは契約主体である経営者（企業）やクラブである。この場合、指導者は履行補助者という位置づけとなる。

2 リスクマネジメント

リスクマネジメントとは、マネジメントの手法を用いて、組織が負う不利益を最小限にとどめようとするものである。具体的には、危険の分析、危険因子の排除、事故後の対応（被害の拡大抑止、訴訟回避）などがあげられる。

①危険予見と結果回避

先述の通り、損害賠償責任の判断に当たっては、サービス提供者（指導者等）が事故（危険）の発生を予見し得たかどうか（予見可能性）、予見された結果（危険）を回避する義務を十分に履行したかどうか（結果回避可能性）が問題となる。ここから転じて、危険を予見すること（危険予見義務）および予見された危険が実際に発生しないよう予防すること（結果回避義務）が、サービス提供者側の事故防止義務として考えられている。

危険の予見に当たっては、指導者個人が事故の発生を予見できたかどうかが問われるのではなく、同じ経験や能力を持つ指導者であれば予見できたかどうかが問題となる。当該練習方法が一般的であるかどうか、さらには種目や練習方法の危険度などから総合的に判断される。高校ホッケーの公式試合中に相手選手のスティックを頭部に受けて重度の障害が発生した事故で、山口地裁は、「被告（顧問）は、学生時代及び社会人時代を通じてホッケーの選手として活躍し、ホッケーの競技内容、スティックの形状等に精通していた」（括弧内は筆者）、また、「県内の高等学校運動部指導関係者に配布された『運動部活動等に伴う頭部打撲による意識障害の対応について』に目を通していた」ことを認め、「ホッケー部の顧問として備えておかなければならない程度の知識は有していた」、すなわち予見できたと判断し、過失を一部認定している[5]。時には、指導者としての経験だけでなく、選手としての経験も加味される。

結果回避の判断は、事例ごとに総合的に判断される。指導者側の義務としては、段階的指導や立ち会いといった指導上の注意義務から、救急処置などに関する事後の注意義務まで幅広く考えられている。

②保　険

リスクマネジメントは、もともと、企業の経済的損失を最小限にするという発想から生まれた考え方である。スポーツ指導サービスにおけるリスクマネジメントでは、被害者に対する補償、そして訴訟の回避などの点で、保険の加入が重要な要素となる。

一般的に、スポーツ活動が対象となる保険には、傷害保険と賠償責任保険がある。傷害保険とは、被保険者が、急激かつ偶然な外来の出来事により身体に損害を被った場合に、損害の程度に応じて保険金が支払われるものである。賠償責任保険とは、被保険者が法律上の損害賠償責任を負った場合に、被保険者に代わって被害者に対して保険金を支払うものである。

地域におけるスポーツ活動や社会教育活動を対象に、(公財)スポーツ安全協会がスポーツ安全保険を提供している。また、(公財)日本体育協会は、同会公認のスポーツ指導者を対象とする公認スポーツ指導者総合責任保険制度を創設している。これらの制度にも、賠償責任保険と傷害保険が含まれている。その他民間保険会社からも、一般的傷害保険や賠償責任保険だけでなく、旅行保険やスキー保険、ゴルフ保険、ボランティア保険、マラソン保険といった商品が発売されている。

保険に加入しているからといって、必ずしも保険金が支払われるとは限らない。保険の支払いにはさまざまな条件が設定されているので、加入に当たっては、補償の対象や範囲などについて正確に理解し、自分たちの活動に見合った保険を選択しなければならない。

③免責をめぐる問題

経済的損失を最小限にするために、最初から、責任を負わない旨を宣言しておくという考え方がある。民間のスポーツクラブへの入会や各種スポーツ教室への参加申込時に、「事故が発生しても当方は一切責任を負いません」という内容の文書に署名・捺印を求められることがあるが、このような不法行為や債務不履行上の損害賠償請求権、刑事被告人らの権利等を任意に放棄する旨を記した文書を免責同意書（ウェイバーフォーム）という。

免責同意書の効力について、従来から、わが国では公序良俗に反し無効であるとされてきたが、現在では、平成12年に成立した消費者契約法により、事業者の損害賠償責任を免除する条項は無効とされている。したがって、仮にそういった文書に署名・捺印をしていたとしても、実際上の効力はない。

4・スポーツビジネスと法

1 契約

ビジネスの基本は、契約である。

われわれは、日々の生活の中でとくに意識をしなくても契約行為を行っている。たとえば、電車やバスに乗る際の「運送契約」、私立学校への入学は「在学契約」、賃貸住宅への入居が「入居賃貸借契約」、そして就職は「雇用契約」などである。

契約の基本は「合意」、すなわち当事者間の約束である。しかし、約束だけでは守られないおそれがあるため、「合意」に何らかの手当が必要となる。つまり、「合意」に法的拘束力をつけた法律上の制度が「契約」である。「合意」は、だれにも強制されない「申込」と「承諾」という当事者の自由な意思表示に基づき、そのお互いの意思表示が合致した場合に契約が成立する。これを、契約自由の原則という（民法521条、524条、526条など）。

2 契約の分類

民法では、贈与、売買、交換、消費貸借、使用貸借、賃貸借、雇用、請負、委任、寄託、組合、終身定期金、和解という13の類型の契約について規定している（典型契約）。実社会での契約には、この典型契約に該当しないさまざまなタイプがあり、典型契約以外の契約を非典型契約あるいは無名契約とよんでいる。

民法は、契約自由の原則、すなわち契約内容、相手方選択、契約方式そして締結は自由であるという原則を前提としているが、自由が行き過ぎたことにより、経済的な強者が弱者を支配するような状況が発生した。そのため、労働基準法や特定商取引法、消費者契約法、独占禁止法といった不公正取引の禁止や消費者の権利を保障する各種の立法政策がとられ、現在ではさまざまな制限が加えられている。

❸知的財産権の保護

知的財産とは、発明、考案、意匠、著作物その他の人間の創造的活動により生み出されるもの、または商標、商号などによる顧客吸引力といった無体物をいう（知的財産基本法2条1項）。その中には、産業上および文化上の人間の知的創作活動に関するものと、産業活動の識別標識に関するものがある。

それらは、広くは民法の契約法理や不法行為制度によって保護されているが、それぞれの知的財産ごとに、個別法で排他的独占権の対象とすることにより、各特質に応じた保護が図られている。

①特許

特許法は、技術的思想の創作である発明に対して、一定要件の下に特許権を付与して保護するものである。特許権は、特許出願の日から20年間存続する。そこには、一定期間権利を保護することにより発明の奨励が図られ、同時に保護期間終了後にはそれを利用するという二つの目的がある。

発明には、「モノの発明」と「方法の発明」があり、特許権取得の要件として、「新規性」「進歩性」、さらには「産業上の利用可能性」が求められている。スポーツで使用される各種の用具には、さまざまな発明が含有されている。たとえば、サングラス一つにおいても100以上の特許が登録されている。

特許を受けることができるのは、原則「発明者」である。「発明者」は自然人であり、法人は法律上、発明者にはなれない。しかし、２０１５年7月に特許法が改正され、「職務発明は会社に帰属する」旨の社内規則等がある場合には、企業の従業員が発明した特許（職務発明）の帰属が、相当な対価を支払うことを条件に、従来の発明者から企業に変更された。

②著作権

著作権法は、著作物ならびに実演、レコード、放送および有線放送に関し著作者の権利およびこれに隣接する権利を定め、そして著作者等の権利の保護を図ることなどを目的に制定されている。著作物とは、「思想又は感情を創作的に表現したものであって、文芸、学術、美術又は音楽の範囲に属するもの」（著作権法2条1項1号）をいう。スポーツの試合自体は著作物にはあたらないが、オリンピックなどスポーツシーンを映像化したものは著作物となる。

具体的には、人格的利益や経済的利益を保護するために、思想または感情の創作的な表現の創作者である著作者に対して著作人格権および著作権が付与される。著作人格権とは、著作者が著作物について持つ人格的利益を保護するもので、公表権、氏名表示権、同一性保持権などがある。著作権は、著作者の著作物についての経済的利益を保護する権利である。具体的には、複製権、上演権および演奏権、上映権、公衆送信権および受信伝達権、二次的著作物利用権などが含まれる。

著作権は、著作物の創作時に始まり、著作者の生存中およびその死後50年間保護される。特許権と異なり無方式による権利発生とよばれている。

オリンピック憲章では、オリンピック競技大会やシンボルなどをオリンピック資産とし、国際オリンピック委員会（ＩＯＣ）の独占的権利であると謳っている。そして、その権利の全体あるいは一部を、ＩＯＣ理事会の定める条件により、使用を許諾することができると規定している。

③商標権

商標とは、「文字、図形、記号若しくは立体的形状若しくはこれらの結合またはこれらと色彩との結合（以下、標章）」で、「業として商品を生産し、証明し、又は譲渡する者がその商品について使用をするもの」「業として役務を提供し、又は証明する者がその役務について使用をするもの」をさす（商標法2条）。言い換えると、商標とは、商品やサービスのマークのことであり、識別標識を意味する。具体的には、自他を識別する能力を意味する出所表示機能、一定の種類の商品・サービスであれば同じ品質であることを示す品質保証機能、商品・サービスの宣伝に有効な宣伝広告機能を持っている。

商標法は、商標の使用をする者の業務上の信用の維持を図り、産業の発達に寄与すること、さらには需要者の利益を保護することを目的に、商標を登録することにより商標権という独占的使用権を付与する。商標の登録は、商標の使用をする1または2以上の商品または役務を指定して、商標ごとに定められた45の区分に基づいて行われる。

商標権は、登録により10年間保護され、更新手続によりさらに10年間の存続が保障されている。

また、継続して3年間使用されていない場合には、登録の取り消しを求める不使用取消審判制度も設けられている。

オリンピックのマークなどは、「公益に関する団体であって営利を目的としない標章かつ著名なものと同一、類似のもの」に該当し、登録拒否の対象となる。プロ野球やJリーグなどプロスポーツの団体やチームは、各名称を用いて商品化権（ライセンス）ビジネスなどを展開するため、チーム名等を商標登録している。

商標をめぐっては、スポーツ界でも紛争が起きている。（公財）日本オリンピック委員会（JOC）は、印刷物の類をはじめ他の類にも「がんばれ！　ニッポン！」の商標を持っていたが、発明家の中松義郎氏（ドクター中松）の持つ登録商標に不使用取消審判を請求した。中松氏は、「フォルッアジャパン　がんばれ日本」（商品「印刷物」）の商標を登録していて、「フォルッアジャパン」と「がんばれ日本」を2段に表した氏の会の会報を発行していた。特許庁での再審理の結果、会報が氏の会の会員らに限定して配布されていたものであり、定期刊行物として不特定多数に広く販売されていたわけではない、すなわち商標法上の商品ではないと判断され、最終的に最高裁でもこの商標の取り消しが確定した[6]。

④不正競争防止法

各知的財産諸法は、権者に一定の権利を付与するものであるが、それらを補完する制度として、不正競争防止法が制定されている。不正競争防止法では、商品・営業主体の混同行為、著名表示の不正使用行為、商品形態の模倣行為、営業秘密に係る不正競争行為、商品・サービスの品質等誤認表示、競業者の営業誹謗行為、代理人等の商標無断使用行為などを「不正競争」行為として規制している。

不正競争防止法では、経済産業省令で定める国際機関の標章の商業利用を禁止している（不正競争防止法10条）。この国際機関の一つに国際オリンピック委員会が指定されていることから、これと同一や類似の標章を商標として許可なく使用すると、不正競争防止法違反となる。

4 独占禁止法

経済活動は自由競争が原則である。市場では、商品やサービスに対して相応の金銭が支払われるが、事業者間の競争の結果、より安く、より良い商品が供給されることになる。市場で自由に競争が行われるためには、市場が公正であることが必要不可欠である。国は、「私的独占の禁止及び公正取引の確保に関する法律」（通称、独占禁止法）を定め、市場の監視役として公正取引委員会を設置している。

独占禁止法は、対象を事業者および事業者団体とし、事業者とは、「商業、工業、金融業、その他の事業を行う者」をいう。ここでいう事業とは、営利活動か否かにかかわらず、経済的利益の給付に対して反対給付を反復的・継続的に受ける経済的取引のことである。

法律上、事業者は、私的独占、不当な取引制限および不公正な取引方法が禁止されている。

私的独占とは、事業者が、単独あるいは共同で他の事業者の事業活動を排除し、または支配することにより、市場での競争を実質的に制限することである。

不当な取引制限とは、事業者が、いかなる方法においても同業者間や業界団体の内部で価格や生産数量を決定し、相互にその事業活動を拘束し、市場での競争を実質的に制限することである。さらには、事業者団体が一定の取引分野における競争を実質的に制限することである。プロ野球のドラフト制度や選手の保留制度、新規球団が参入時に支払いを求められる加盟料などに関して、独占禁止法違反の疑いが指摘されてきた。

不公正な取引方法とは、「不当に他の事業者を差別的に取り扱う」など規定された六つの行為に該当するもので、公正な競争を阻害するおそれがあるとして、公正取引委員会により16の行為が指定されている。

5 その他のスポーツビジネスに関する権利

プロスポーツ団体やチームでは、さまざまなビジネスが展開されている。収入源として、一般的には、入場料、商品化権料、放送権料、スポンサー権料、などが対象となっている。そしてこれらは、すべて契約に基づいて成り立っていて、金銭を支払った者に相応の権利が発生する。

①商品化権

商品化権とは、チームや選手キャラクターの製造・販売、映像化・書籍化のように、著作権や商標権などで保護されている各種権利を第三者に使用を許可するもので、マーチャンダイジングや使用許諾権ともよばれている。

プロスポーツの団体や球団は、それぞれ規約を定め、規約にもとづいて商品化を管理している。そして、契約を締結した業者から使用料を徴収している。団体によって、管理者がリーグであったり各球団であったりと異なっている。

②肖像権・パブリシティ権

憲法で保障されている人格権の一つとして、肖像権がある。人は、「個人の私生活上の自由の一つとして、何人も、その承諾なしに、みだりにその容ぼう、姿態を撮影されない自由」を有している。近年、プライバシー権に含まれるものである。近年、芸能人や一部の有力スポーツ選手により肖像権を利用した商業活動が活発になり、財産権としても考えられている。また、プライバシー権では保護されない著名人の氏名や肖像の経済的価値を保護するために、パブリシティ権という概念が生まれている。

以前から日本のスポーツ界では、チームや競技団体が選手の肖像権を一括で管理してきた。1979年、JOCは、選手に所属する各競技団体に預けさせた肖像権を一括して管理し、企業に対して選手の肖像等のCM等での使用を許可するという「がんばれ！ニッポン！」キャンペーンを開始した。しかし、陸上の有森裕子選手がいわゆる「プロ宣言」をし、自ら肖像権を使用するビジネスを開始すると、他の有力選手も次つぎにプロ宣言をし、独自の商業活動を始めたため、JOC

では、新たなプログラムが必要となり、現在では、オフィシャルパートナーシッププログラムが展開されている。

プロ野球は「統一契約書16条」、Jリーグでは「Jリーグ規約97条」などにおいて、肖像権の管理・利用についてそれぞれ球団に帰属する旨を定めている。

③スポンサーの権利

近年のスポーツ界は、ビジネスと切っても切れない関係にある。すなわち、スポンサーの確保が重要となっている。一般的に、スポンサーとは、さまざまな媒体を利用して広告する企業をいう。したがって、スポンサー契約は広告契約である。具体的には、冠大会のスポンサー、協賛という形にみられるさまざまな物品提供、チームのユニフォームへの企業名・商品名の掲示、スポーツ用品メーカーによる物品の提供（サプライヤー契約）などである。

そして、施設に対するスポンサーとして急速に拡大しているのが、命名権（ネーミングライツ）である。大規模競技場の多くが自治体の持ち物であるが、どこも維持管理費の確保に苦労している。そこで出てきたのが、施設の名称を企業の広告として利用してもらうという考え方である。国内のスポーツ施設で最初に命名権を導入したのは「東伏見アイスアリーナ」で、飲料メーカーのサントリーが契約を締結した。また、公共施設における最初の事例は、味の素スタジアム（旧東京スタジアム）であった。

こういったスポンサーの権利は契約によって保護される。２００２年のＦＩＦＡワールドカップ日韓大会の決勝戦の会場であった横浜国際競技場の命名権を日産自動車が購入し、2005年から日産スタジアムと改称された。ところで、2006年のFIFAワールドカップドイツ大会における日本代表戦のパブリックビューイングが日産スタジアムで計画されていたが、会場が変更された。理由は、ドイツ大会の公式スポンサーの一つが韓国の現代(Hyundai)自動車であり、現代自動車の持つ一業種一社だけに与えられる独占的権利を侵害するおそれがあったからである。トヨタカップとして知られていた世界クラブ選手権の決勝も日産スタジアムで開催されたが、その日だけは、〝横浜国際競技場〟に戻っている。

5・紛争とその解決

1 紛争解決手続

一般的に紛争の解決手続には、交渉、調停、仲裁、裁判がある。これらのうち、交渉、調停、仲裁を裁判外(代替的)紛争解決手続といい、ADR(Alternative Dispute Resolution)ともよばれている。また、第三者の介入という点でいえば、〝交渉〟は、唯一当事者間による手続である(7)。そもそも紛争は当事者間の争いであるので、自ら解決策を探ることは、紛争解決の第一歩といえる。しかし、当事者間で解決ができない場合には、第三者に判断を仰ぐことになる。以下、調停、仲裁、裁判の手続きについて取り上げる。

①調停

調停とは、第三者である調停人が当事者から話を聞き、解決案としての調停案を提示するというものである。この調停案には拘束力がなく、調停案に両当事者が合意すれば調停成立すなわち解決、合意に達しなければ調停不調となり、他の手段を模索することになる。調停は、裁判所や専門機関で行われる。

②仲裁

仲裁は、主に、専門機関や弁護士会の紛争解決センター等（以下、仲裁機関）で行われる。仲裁手続は、まず、両当事者が仲裁による紛争の解決に同意しなければならない。つまり、「仲裁人の判断に従います」という約束（仲裁合意）が必要となる。この仲裁合意が得られなければ、手続は始まらない。サッカーJリーグ・川崎フロンターレに所属する我那覇選手のドーピング問題で、点滴注射をしたチームドクターが処分取消しを求めて日本スポーツ仲裁機構に申立てを行ったが、Jリーグは同意しなかった。

仲裁合意が得られると、次に仲裁人の選定が行われる。仲裁人は、各当事者が1名ずつ選び、もう1人を仲裁機関が選ぶ。一般的に、仲裁は2人以上の合議により行われる。時間的に余裕がない場合には緊急仲裁となり、仲裁機関が1人を選び、単独で判断を下す。最初に仲裁合意が結ばれているので、仲裁人の判断に不服をいうことはできない。つまり、調停と違い仲裁判断には拘束力がある。

③裁判

裁判による解決とは、裁判所の判断を仰ぐということであるが、裁判所は、訴えのすべてを取り扱うわけではない。裁判所が扱う紛争は、「法律上の争訟」と限定されている（裁判所法3条1項）。法律上の争訟とは、法律上の権利義務であるとか法律関係の存在、法律関係の形成に関して対立する当事者間の争いを意味する。したがって、スポーツでみられる審判の判定や代表選手選考などのトラブルは法律上の争訟にはあたらず、裁判所で取り扱うことはできない。

2 スポーツ専門紛争解決機関

ひとくちにスポーツ紛争といっても、審判の判定に始まり、オリンピックの代表選考、ドーピング問題、選手の資格や登録、さらにはプロ選手の契約問題やビジネス関連の権利問題など、さまざまなものが存在する。その中には、裁判での解決になじまないものやスポーツの専門的知識を必要とするものも少なくなく、また、紛争の増加により、スポーツ専門の紛争解決機関が必要になった。たとえば、カナダのスポーツ紛争解決センターやオーストラリアのスポーツ紛争センター、日本のスポーツ仲裁機構のように競技団体から独立した形のものや、フランスのオリンピック委員会内、ドイツのスポーツ連盟内のような国内統括団体の機能の一部に組み込まれているものもある。

①スポーツ仲裁裁判所（CAS）

１９８４年、国際オリンピック委員会（ＩＯＣ）は、スポーツ仲裁裁判所（Court of Arbitration for Sport：ＣＡＳ）を設立した。

ＣＡＳの仲裁手続には一般仲裁と上訴仲裁がある。上訴仲裁とは、競技団体等の下した決定に対する不服申立に対する仲裁手続であり、原則として、本人に決定が伝達されてから21日以内に提訴しなければならない。常時、１５０人程度の仲裁人候補者を保持し、オリンピックをはじめとする国際競技会での紛争や、競技団体等の下した決定などを仲裁の対象としている。

ＣＡＳの仲裁では、通常は３名の仲裁人が選ばれるが、時間的余裕のない緊急仲裁の場合には、１名の仲裁人が指名される。オリンピック期間中には臨時の（ad hoc）機関が設置され、提訴から24時間以内に判断が下される。

オリンピックの参加にあたっては、ＣＡＳのみが不服申立機関であるとする文書に署名を求められる（仲裁合意）。オリンピック憲章上、この点だけが、唯一ＩＯＣの外部に判断を委ねていることになる。

１９９３年、ＣＡＳの決定を不服として、スイス法に基づき裁判所に控訴するという事件が発生した。その裁判で、ＩＯＣによって設立されＩＯＣによって運営されているＣＡＳが、ＩＯＣを一方の当事者とする紛争で仲裁判断を下すのは公平性に欠ける、と指摘され、１９９４年にＣＡＳの運営母体としてのスポーツ仲裁国際理事会（ＩＣＡＳ：International Council of Arbitration for Sport）が設立された。これにより、仲裁廷と運営機関が切り離されることになった。

１９９０年代に入ると、ＣＡＳで扱われる紛争が急激に増加し、現在では、平均して年間60件程度の申立がなされている。また、現在では、調停による解決も図られている。

②日本スポーツ仲裁機構（ＪＳＡＡ）

２００３年4月、日本オリンピック委員会、日本体育協会および日本障害者スポーツ協会により日本スポーツ仲裁機構が設立された。

ＪＳＡＡでの仲裁は、当初は、「スポーツ仲裁規則」に基づいてＪＯＣ、日本体育協会、日本障害者スポーツ協会、およびその加盟・準加盟団体の下した決定に対する競技者・コーチ等による不服申立のみが対象とされた。そして、２００４年5月には「特定仲裁合意に基づくスポーツ仲裁規則」が定められ、その他の紛争も取り扱うようになった。

仲裁は、仲裁合意が前提となることから、ＪＳＡＡに申立がなされると、相手方に対して仲裁による解決を受けるかどうかが確認され、応諾すれば審理が開始されるが、拒否すれば仲裁合意不成立となる。ＪＳＡＡでは、設立当初から各団体に対して、ＪＳＡＡに対してのみ不服申立できる旨の仲裁条項を規約に盛り込むよう求めているが、採択済みは、現在のところ、ＪＯＣ加盟団体・承認等61団体のうち42団体（採択率68・9％）にとどまっている（２０１４年9月8日現在）。

スポーツ仲裁裁判所（ＣＡＳ）や日本スポーツ仲裁機構（ＪＳＡＡ）は、第三者として紛争解決を図るところにその意義を有している。紛争は、第1段階としては当事者間で解決をめざすべきであり、団体内部での紛争解決が重要となる。

ＪＳＡＡの第1号仲裁判断（JSAA-AP-2003-001）は、指導者が協会による除籍処分の取り消しを求めた申立を全面的に認めるものであった。その判断理由の中で、当該事件のような処分を行うことについての直接的な規定がないこと、重大な不利益処分を行う場合には何らかの弁明の機会が不可欠であること、処分決定の通知は本人に対して直接出されるべきであることなどをあげ、処分に当たっては法の一般原則などに従うよう求めた。

このことから、紛争は、まず、団体内で適正な手続に基づいて審理され、裁判で上訴権が認められているように、団体の決定に対して不服がある場合には、第三者機関へ上訴する権利が保障されなければならない。

【引用文献】

(1)「東京地裁２００６年8月1日判決」〈http://courts.go.jp〉より。
(2) 朝日新聞２００６年8月29日夕刊。
(3) 日本スポーツ仲裁機構『ガバナンスガイドブック —トラブルのないスポーツ団体運営のために—』、２０１２年。
(4)「日本スポーツ仲裁機構仲裁判断集（JSAA-AP-2003-003）」〈http://www.jsaa.jp/award/2003-003.html〉
(5)「山口地裁１９９９年８月24日判決」判例時報１７２８号、68頁。
(6) 奥田百子『商標法のしくみ』最高裁２００５年4月12日決定、中央経済社、２００６年、１８４頁。
(7) 和田仁孝編『ＡＤＲ 理論と実践』有斐閣、２００７年。
(8) 日本スポーツ仲裁機構仲裁条項採択状況〈http://www.jsaa.jp/doc/arbitrationclause.html〉

【参考文献】

・安東奈穂子「スポーツ選手の肖像をめぐって」、九大法学第94号、2007年、1-48頁。
・井上洋一、森浩寿他『導入対話によるスポーツ法学（第2版）』不磨書房、2007年。
・スポーツ問題研究会編『Q&Aスポーツの法律問題〔改訂増補版〕』民事法研究会、2003年。
・平田竹男・中村好男編『トップスポーツビジネスの最前線—「勝利」「マーケット」「普及」のトリプルミッション』講談社、2006年。

（森　浩寿）

第6章 スポーツチームのマネジメント

1・チーム・クラブ運営事業のビジネス・プロセス

本章で論じるスポーツチームのマネジメントに関しては、Jリーグやbjリーグといった地域密着型のプロスポーツチームが行うビジネスをイメージするとわかりやすい。すなわち、商品としてのプロスポーツに興行的価値を持たせ、ゲーム（＝パフォーマンス）を行うことによって集客を図り、チケット、放送権料、企業協賛等の収入を得ることを目的とする事業である。加えてスポーツチームのマネジメントは、地域密着を標榜するチーム・クラブ運営事業であるがゆえに、社会貢献や地域活性化といった公益性の高いパブリック・リレーション的な仕事も重要となる。そこで本章では、チーム・クラブ運営事業とは何か？ という本質にかかわる問題と、事業組織のマネジメントに関し、概念的枠組みを提供することとした。なお、チーム・クラブ運営事業の実践的課題に関しては、

第10章を参照されたい。

図16に示したのは、チーム・クラブ運営事業の本質を示すビジネス・プロセスである。ビジネス・プロセスとは、サービスや製品の提供など、ビジネスの目的を達成するために行われる一連の業務を意味する。モノづくりの世界では、受注・生産・販売・出荷といった一つひとつの業務がビジネス・プロセスを構成するとともに、これらの工程の機能的なつながりが、さらに上位のビジネス・プロセスを構成し、下位の構造を飲み込んだ重層的な構造を形成する。チーム・クラブ運営事業の場合、図の右側にあるプロセス全体が、左側のプロセスの「強いチーム」の下位構造（入れ子構造）になっている。では以下で、全体的なビジネス・プロセスを俯瞰してみよう。

1 着実なクラブ運営

チーム・クラブ運営事業のビジネス・プロセスのスタートは、チーム・クラブ運営事業の本質（＝ファンビジネス）の理解の上に成り立つ「着実なクラブ運営」にある。クラブを取り巻くステークホルダー（利害関係者）を、どのようにしてファンとして取り込み、ファン・ロイヤルティを高め、長期的な関係を築くかが、チーム・クラブ運営事業の至上命題とされる。それゆえ、ファンを獲得するために、以下の三つのベーシックな仕事が必要となる。

第一は、ファンの誘導である。初めてのファンをスタジアムやアリーナに来場させるための「トライアル誘導」である。和田はトライアル誘導について、これを既存のメディアを活用した説得的

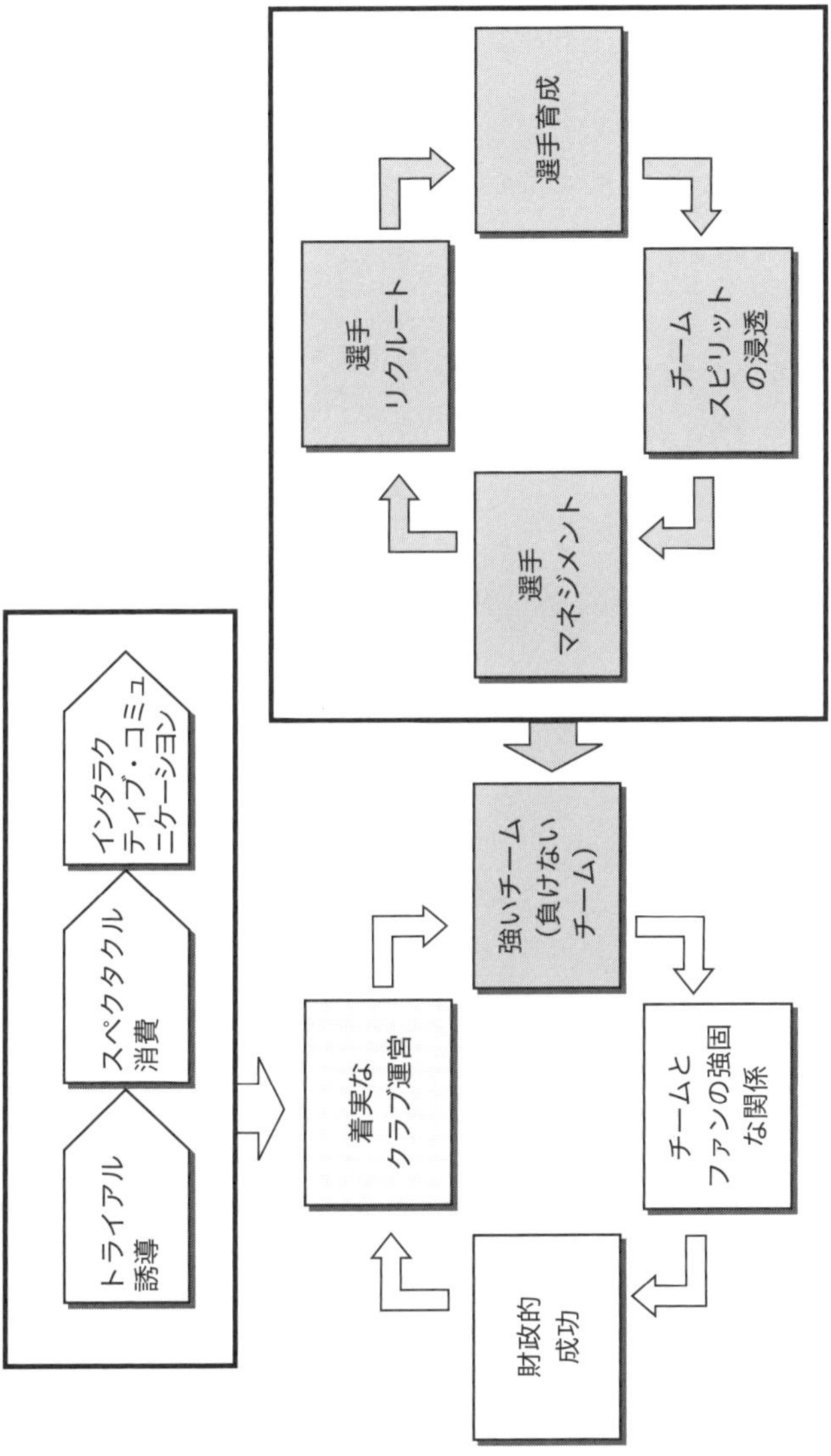

図16　クラブ事業のビジネス・プロセス

コミュニケーションではなく、「パブリシティや販売促進に注力した事前の話題づくり」[1]が重要であると述べている。スポーツビジネスの世界では、かつてアルビレックス新潟が行った、地域を区切った計画的な無料招待券の配布などがその好例である。2002年FIFAワールドカップのために建設された新しいスタジアムも、パブリシティという点で、ファンに事前の期待を抱かせる大きな要因となった。2009年には、優れた集客戦略が功を奏し、年間で新潟市の人口を超える90万人の集客を達成するJリーグの優良クラブとなった。

第二は、ゲームにおけるスペクタクル消費の提供である。ファンがスポーツに求めるのは、単なる満足という日常的な経験ではなく、「感情が未知の領域に達し、閾値《いきち》を超えてこそ起きる[2]」非日常的な感動経験である。満員のスタジアムの中で、ファンはエクスタシー（陶酔感）を感じ、スペクタクルを消費する。そのような経験価値を倍増するのが仲間の存在である。そして仲間の間で生起した共感反応は、感情を増幅させ、経験価値をさらに深めてくれる。共感反応とは、ある人の情動反応が、他の人に同種の情動反応を誘発することであるが、たとえば、スポーツバーにおける観戦行動で見られる、客同士・仲間同士の盛り上がりなどは共感反応の典型である[3]。

2014年度のJリーグ観戦者調査では、観戦者の平均同伴者数は2・8人であった。さらに一人で観戦するファンの割合も、Jリーグ平均で18・4%であり、8割強がだれかと一緒に観戦している。それゆえクラブ経営においては、スポーツ観戦が社会行動（social behavior）であり、それが経験価値につながる共感反応を誘発することを理解し、事業戦略としてのファンコミュニティづくりに努力を傾注すべきである（注1）。

第三は、クラブとファンの日常的なつながり（接点）をつくる「インタラクティブ（双方向）コミュニケーション」の実践である。Jリーグの場合、ホームで試合があるのは、リーグ戦やカップ戦、あるいはプレシーズンマッチを含めても、1年のうち20数回であり、残りの340日余りは、クラブと疎遠になる。重要なことは、日常的にクラブとの関係性を保つことのできる、「経験価値インターフェース」の確立である。これは、ウェブサイトやCRM等のクラブからファンへの積極的な情報発信や、バナーや広告といった単純露出、カレンダー、練習グランドでの交流、そして電話やファックスなど、チーム・クラブとファンのコミュニケーションを発生させるさまざまなインターフェースを意味する。

和田[4]は、ブランド価値の形成における双方向コミュニケーションに関して、ブランド・コミットメントへの誘導段階で、ノスタルジー、ファンタジー、ヒストリー、そして生活シナリオが、どのように広告・販促コミュニケーションに組み込まれているかが重要で、これらの要素によってコミュニケーションの発生が左右されると述べている。この点、単なるロゴやカラーだけでなく、感覚価値や観念価値を生起させる情報の質や内容にも十分な配慮をするべきであろう。

以上述べてきたようなファンづくりを基本として、第10章で述べる五つのファンビジネス成功の要素にも目を配らなければならない。そうすることによってクラブは、天国への螺旋《らせん》階段を着実に一歩一歩上っていくことができる。

2 強いチーム

着実なクラブ運営が達成できたとき、次の段階として「強いチーム」（負けないチーム）が生まれる。強いチームとは、負けないチームであるが、チームの実力が伯仲しているリーグでは、永遠に勝ち続けることは不可能である。本当に強いチームとは、ホームで負けないチームのことを意味する。Jリーグもbjリーグも、アウェーのゲームは勝敗に関係するが、収入には関係しない。アウェーでよいゲームをすることはもちろん重要であるが、さらに重要なことはホームでファンを満足させ、何度もスタジアムやアリーナに足を運ばせ、ホームの試合をスペクタクルにすることである。

ホームゲームに限ると、海外では、1957年2月から1965年3月まで、レアル・マドリッドが8年以上も122試合無敗で通したという記録がある。また日本では、浦和レッズが、2005年9月24日から2007年4月7日まで、25試合ホームで無敗の記録を持っている。この他に、アルビレックス新潟、ガンバ大阪、ジェフ市原、そして最近では川崎フロンターレなどが、ホームでの無敗神話を打ち立て、ファンの心をつかんでいる。'06／'07シーズンに、1試合あたりの平均観客動員数（4万745人）がヨーロッパで最大となったドイツのブンデスリーガでは、過去35年のホームチームの勝率が7割を超えるという驚異的なデータも示されるなど[5]、集客力とホームゲームの勝率には、深い関係がある。

では、ホームで負けない強いチームをつくるにはどうすればよいのか？　それには、図の右側にある、四つの入れ子構造のビジネス・プロセスが参考になる。

●**選手リクルート**：どのように才能豊かな金の卵を見つけて、契約にこぎつけるか、あるいは、すでに実績のある選手を獲得し、新しいチームの中で機能させるのか、監督やコーチの手腕が問われる段階である。メジャーリーグの中でも、とくに資金力の乏しいオークランド・アスレチックスが、噛み煙草をいつも頬張り、マイナーリーグでキャリアを終えたベテラン・スカウトの目を信じず、データを重視して注目度の低い有望選手を獲得し、勝ち星を重ねていったことは『マネーボール』(6)の中で詳しく述べられている。

●**選手育成**：リクルートした選手をクラブ全体で育てるプロセスである。Jリーグでも、若い人材をうまく育てるクラブとそうでないクラブがあるが、前者には、若くて才能のある選手を発掘し、育てる名伯楽のようなコーチが必ず存在する。広島、G大阪、千葉といったチームからは、ユースから才能ある選手が多く育ち、トップクラブで活躍している。

●**チーム精神の浸透**：成功しているチームの多くは、精神面での「躾《しつけ》」が行き届いており、選手にフォア・ザ・チームの精神を植えつけることに成功している。才能豊かな若い選手の中には、自己中心的で、協調性に乏しい人間もいる。そのような若者をどう育て、チーム精神を理解させることができるかは、チームマネジメントの最重要課題である。前ジェフ千葉のGMで、14年現在、京都サンガF.C.のGMを務める祖母井《うばがい》氏は、「身のまわりをきれいにできない人（選手）は、大成できない」[7]と述べ、選手たちに自己管理の重要性を認識させ、その実践を徹底した。手はじめに、汚れたユニフォームの洗濯を義務づけるところから始め、それがグランドの剥げた芝を直すことや、道具の手入れを進んでやるといった意識改革へと結びついた。その結果、ジェフ千葉のチーム精神の強化に成功し、オシム前監督の指導力にも助けられて、当時ナビスコ杯2連覇という強豪チームへと変身したのである。

●**選手マネジメント**：ここには、選手生活全般のサポートや、キャリアサポートなどが含まれる。比較的若い年齢で、高額な給与を稼ぎ出す選手は、お金やグルーピー（有名選手の熱狂的女性ファン）など、周囲に誘惑が渦巻いている。それゆえチーム・クラブは新人に研修を施し、教育係を定めて選手を管理し、彼ら（彼女ら）が競技に専念し、最高のパフォーマンスが発揮できる環境を整えなければならない。

3 チームとファンの強固な関係

プロのチームやクラブにとって、ビジネスが存在しなければならない理由はただ一つ、そこにファンがいるからである。ファンがいなくなったとき、そのチームやクラブは存在理由を失う。まったく何もない状態からファンをつくることは、実はそれほど困難なことではない。Jリーグやbjリーグを見てもわかるように、プロチームが誕生した地域には、必ず熱狂的なファンが誕生する。なぜならば、多くの地域住民の注意を喚起する「一時的熱狂」（クレイズ）現象が広い範囲で起き、それがファンになるための動機や理由を形成するからである。

しかしながら、ファンになる理由とファンを続ける理由は異なる。Jリーグへの昇格やbjリーグへの参入といったブーム現象に踊らされてスタジアムやアリーナへ足を運んだファンも、観戦経験が凡庸で、そこに感動やスペクタクルがなければ、潮が引くように消えてしまう。ファンであり続ける理由がなくなれば、ファンは一瞬で消滅してしまうのである。多忙な現代人にとって、スポーツのファンであり続けることは、実は大変な時間と金銭の投資を強いているということであり、その時間が意味のある経験で満たされない限り、ファンはファンであり続けることを拒否することになる。

ファンのロイヤルティを高め、ファンとクラブの関係性を高めることは、次の三つの便益をクラブにもたらしてくれる（注2）。

●**マーケティングコストの削減**：ロイヤルティの高いファンは、自らが情報発信源となり、新規ファンの開拓を助けてくれる。また新規ファンの開拓よりも、少ないコストで既存ファンを維持することができる。

●**ファンの価格感応性の低減**：ロイヤルティの高いファンは、価格を判断基準にせず、チケットやグッズを購買する。またロイヤルティの低いファンに比べて、購買額や購買頻度も高い。

●**ロイヤルティを持ったファンによるパートナーシップ活動**：ファンによる後援会組織の形成やスポーツボランティアとしての関与、そして強力な口コミ情報の提供による潜在ファンの獲得など、クラブ経営にプラスの働きが期待できる。

その一方で、マネジメントにおいて配慮すべき点は、以下の三点に集約できる。これらはリレーションシップ・マーケティングの具体的な実践例である。

●**ファンの獲得よりも維持に重点を置く**：ファンを維持し、コアファンを増やすことが、新しいファンの獲得に結びつく。地域に根差したスクールの積極的な展開も、子どもを通して、親がチームに対するロイヤルティを高め、コアファン化する可能性を秘めている。

●**ファンと継続的に接触する**：公式な試合以外の双方向コミュニケーションの確立である。チームやクラブ、そして選手とファンの接点をできるだけ増やし、ファンの日常生活の中で、家族間の会話や露出（ポスターやカレンダー）、そしてネット等のメディアを通して存在感を高めておかなければならない。

●**全スタッフが品質管理を心がける**：チーム・クラブ運営事業の品質は、チームの成績やパフォーマンスだけで評価されるものではなく、試合のステージング（演出）技術、対応するスタッフのサービスクオリティ、日常的なインターフェースなど多岐にわたる。それゆえ、スタッフ全員が、日々の仕事の中で同じ目的を共有しなければならない。アメリカのプロスポーツで最も成功しているＮＦＬは、地域活動に熱心であることが知られている。自らを「社会の公共財」と位置づけ、さまざまなキャンペーンを通して地域貢献活動を行い、チームのブランド価値の維持・向上に努めている。このようなゲーム以外の活動が、チームとファンの関係をますます強固なものにしていく。しかも佐野・町田[8]が指摘するように、NFLが行う地域活動は、監督やスター選手が行うアメリカンフットボール教室やサイン会のようなファンの獲得をめざしたマーケティング活動ではなく、地域社会が抱えている問題の解決に直結する純粋な社会貢献活動であり、これが地域住民や行政機関の信頼を獲得する大きな理由となっている。

4 財政的成功

一般に高額な放送権料が見込めるプロスポーツは、収入全体に占めるチケット収入の割合はそれほど高くなく、プロサッカーの場合、17％（イタリア：セリエA）から31％（英国：プレミアリーグ）程度である。他方、放送権料はプレミアリーグで43％、セリエAで55％と、入場料収入の割合を大きく上回る。日本の地域密着型プロスポーツにおいては、放送権料がほとんど見込めないため、チケット収入とスポンサー収入が主たる収益源となる[9]。実際J1リーグ平均では、チケット収入が総収入の2割強、スポンサー収入が5割弱で、両者を合わせて約7割を占めるが、放送権料は総収入のわずか3～4％程度にすぎない。

武藤[10]は、スポーツファイナンスの特性として、選手人件費や競技場の使用料等の固定比率が高いため、チケット収入やスポンサー収入等のボラティリティ（一定の変動）のある事業収入が下振れした際、財務リスクが発生しやすいと述べたが、実際、ファン離れが進むと、すべての財務内容が複合汚染的に悪化し、魔の悪循環に陥るのが常である。それゆえ、クラブやチームのブランド力の強化と、それをチケット販売に直結させる関係性マーケティングの実践が、チーム・クラブ運営事業にとっての必須の課題となる。

図16が示すように、財政的な成功が実現されたならば、利益を原資として、さらに着実なクラブ経営を実践することが可能となる。新興のbjリーグでは、発足当時は知名度も低く、ファン基盤をつくるために出費がかさみ、全チームが赤字経営であったが、3年目あたりから黒字化が視野に入ったクラブも現れた。経営規模はまだまだ小さいものの、プロバスケットボールのビジネス・プロセスが徐々に形成されつつある。

2・営利と非営利の二面性を持つチーム・クラブ運営事業

日本における地域密着型のチーム・クラブ運営事業は、利潤の追求を目標とする営利ビジネスと、社会をよくする使命（ミッション）の達成を目標とする非営利ビジネスの二面性を備えている。Jリーグの「百年構想」を見るまでもなく、プロスポーツ事業の拡大を、公益の追求とみなす考え方が定着し、社会もトップスポーツに教育的・倫理的先導者の役割を期待するようになった。それゆえ日本のチーム・クラブ運営事業には、公益性の追求という事業目標が組み込まれ、それを達成するための成員の努力と、目標に向けて努力を調整するＮＰＯ的なマネジメントの考え方が必要とされるようになった。

そこでチーム・クラブ運営事業のマネジメントの全体像を、ＮＰＯのマネジメントに関する概念的枠組みを用いて明らかにしよう。まずマネジメントに関する一般的な理解であるが、これは①個人では達成できない仕事を、②他の人との協働よって達成しようとする組織が、③共通の目標達成のために行う活動とその過程である。マネジメントされるべきは組織であり、個人ではないということ、そして目標達成という積極的な調整活動が必要であることがポイントである。

次にマネジメントを行う経営管理者（マネジャー）の具体的な活動であるが、これは資源配分、統合、業績評価の三つに分けられる。マネジャーには、効率よく目標を達成するために、組織全体の経営資源（人、物、予算等）の計画と配分を行い、組織内の下位単位の役割や行動を統合し、下位単位の業績を評価する仕事が求められる。

いま述べたマネジメントの基本は、本来営利志向の企業のマネジメント現場において実践されてきたもので、これらがスポーツサービスという事業内容や非営利という目標を掲げるチーム・クラブ運営事業のマネジメントにそのまま活用できるものではない。しかしながら、非営利という組織目標、事業規模、ボランタリズムという組織のモチベーション等に違いはあれども、マネジメントの基本は変わらず、それぞれのチーム・クラブ運営事業にあった最適のマネジメントの概念や手法を開発することが求められる。

3・チーム・クラブ運営事業の概念的枠組み

図17は、非営利組織のマネジメントを概念的に整理した図であるが、以下ではこの概念図をもとに、小島[11]が用いた①環境状況、②使命と戦略、③組織、個人属性および成果という三つの構成概念を用いて、チーム・クラブ運営事業のマネジメントを考えてみたい。

❶環境状況

①組織間環境

組織間環境は、クラブを取り巻く多くのステークホルダー（利害関係者）を意味し、人、物、金、情報といった経営資源の提供を通じて当該組織を支援している他組織を意味する。チーム・クラブ運営事業では、後援会、スポンサー企業、自治体、競技団体、自治会やPTAなどの地縁組織、そして支援ボランティア組織等がこれにあたる。チーム・クラブ運営事業の場合、組織の目的と使命に賛同してくれる支援組織との関係をどこまで強化できるかがマネジメントの重要課題となる。

②市場環境

市場環境とは、マーケティングでいうところのマーケット・インテリジェンス（事業に関与する市場情報）のことで、既存の競合組織や新規参入組織の把握やマーケット（商圏）の分析等、事業

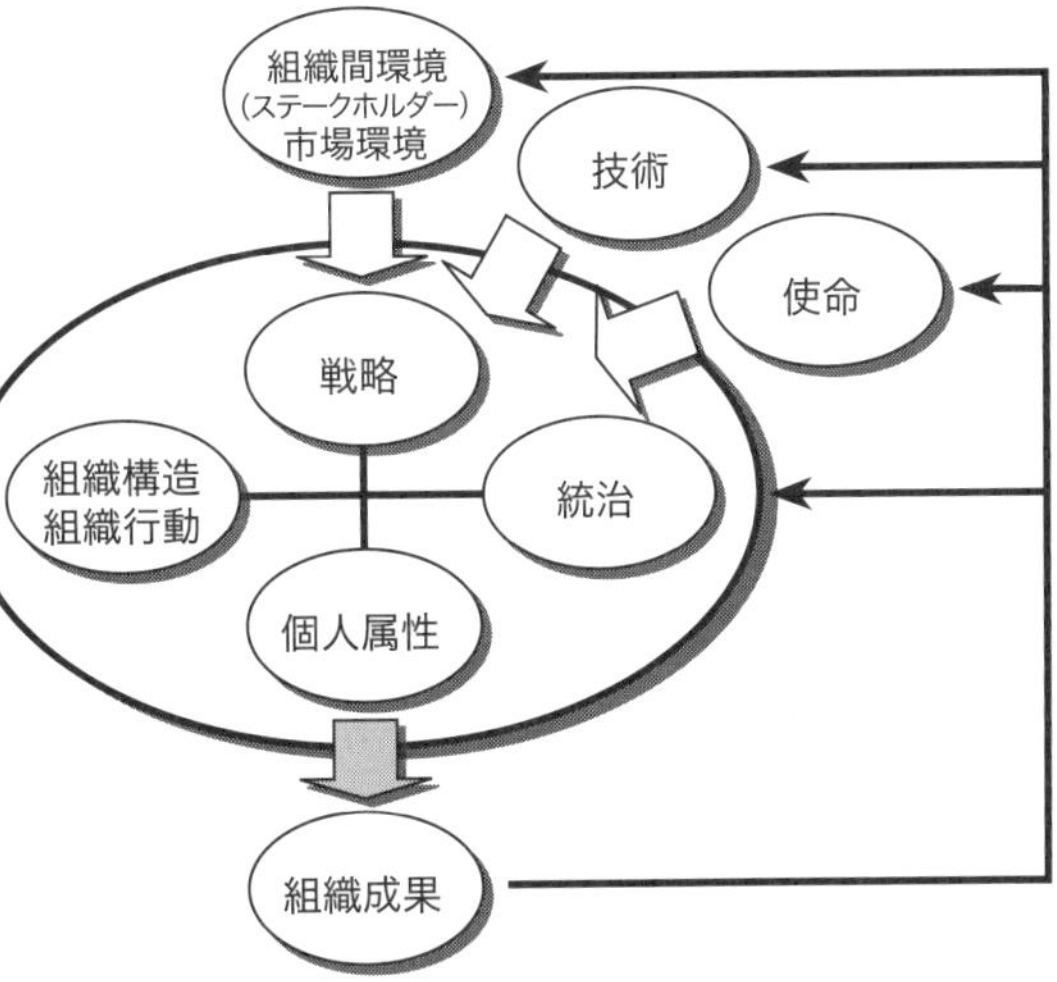

図 17　クラブ事業のマネジメントを分析する概念的枠組み

出所：立岡浩・渡辺好章編著『NPO・福祉マネジメントの理論と実践』日総研, 2001 年, 19 頁に一部加筆

を取り巻く市場環境を十分に把握しておかなければならない。チーム・クラブ運営事業の競合組織に関しては、ゲームが行われる土曜日や日曜日の経験価値ということを考えると、他のプロスポーツだけでなく、映画やテーマパークなど、他のエンターテイメント産業全般が対象となる。そのような混雑市場の中で、いかに有意義かつ感動的な経験をファンに提供できるかが課題となる。

商圏については、交通手段に関係なく、1時間というアクセス時間が目安となる。となれば、商圏内に住む住民に関する年齢構成や性別といった社会人口統計的指標や、ライフスタイル、スポーツ参加率といった行動的指標に基づく多層的な情報を把握・分析する必要がある。また市場情報は流動的であるため、データは定期的に見直されなければならない。

③技術

技術とは、作業対象を改変するために、それに対して働きかける行為ないしはタスク（完了すべき仕事）を意味し、組織の使命と密接に関係する。小嶋は、「一般にタスクの多様性が高く、目的と手段の関係が不明確であり、業績評価基準が不正確であるほど、タスクの不確実性はより大きくなる(12)」と述べているが、チーム・クラブ運営事業の場合、試合のステージング（演出）、経験価値の提供、スポーツ教室やクリニックの開催、地域貢献活動など、チーム・クラブ運営事業のタスクは多様であり、さまざまな技術が必要とされる。しかしその一方で、人気、成績、集客力といった業績評価基準は明確でわかりやすいという特徴を持つ。

チーム・クラブ運営事業を営む組織は、以上述べた三つの環境状況に適合するために、使命と戦略を選択することになる。

2 使命と戦略

①使命

使命とは、クラブが挑戦すべき課題のことであり、どのような目標、戦略、行動を行うべきかの範囲を限定するものである。別の表現を用いれば、組織がどのようなサービスを提供するのか、そしてだれが受益者であるのかを定義したものが使命である。小島(13)は、使命は組織に対して、①組織の基本的な事業領域とオペレーションを幅広くさし示す、②専従職員と寄附者を動機づける、③組織の業績評価を促進する、という三つの機能があると指摘した。地域密着型のチーム・クラブ運営事業の場合、「地域に密着したチーム・クラブ運営事業の展開」「子ども達に夢と感動を与える」「スポーツによる豊かなコミュニティづくり」といった、公益性の高い使命を掲げる組織が多い。

②戦略

戦略は、環境状況の変化に対応した組織経営のあり方をシステマティックに模索する方策のことを意味する。一般的には組織レベルの戦略として、企業が発展・成長していくべき方向性を探る枠組みである「成長マトリックス」(注3)や、各事業ユニット別にどのように経営資源の配分を行っていくのかを検討する「ポートフォリオ分析」(注4)がよく知られている。また、事業全体を俯瞰する戦略としては、「プロダクトライフサイクル」(注5)があり、導入期、成長期、成熟期、飽和期、衰退期といった各ステージの競争のメカニズムと有効な対応戦略のパターンを知ることができる。

チーム・クラブ運営事業の場合、組織の目標と使命によってどのような戦略を選択するかが決まってくる。たとえば、2005年にスタートしたbjリーグの場合、アリーナ型プロスポーツという競争のない市場空間で、〈プロバスケ〉という新しい商品を売り込む「ブルーオーシャン戦略」(注6)が有効に機能した。公共体育館という面白みのない施設を、音楽、ダンス、ファッション、コミュニケーションといった新しい価値を加えたエンターテイメント空間に変え、bjファンという新しい需要を開拓したのである。

その一方、同じプロバスケットリーグである「サムシティ」は、路上に設置したゴールを用いて3on3で行う競技で、個人のシュートによる得点や技（ダンクシュートや股抜きなど）が採点の対象となる。ストリートボールとよばれるなど、bjとはまた趣向の違う、選手個人が主役となるプロスポーツである。サムシティは、成長よりもむしろ、マニアックな顧客に対して質の高い商品の提供を続けることを目的としている。それゆえ、競争の優位性を保ち続けるニッチ（焦点絞込）戦略が有効である。ニッチ戦略とは、ポーター[14]が提唱した競争戦略のひとつの基本形で、差別化戦略をより先鋭化させ、専門家やマニア向けなど、非常に限定された市場ドメインに特化し、その市場ドメインでのシェアや収益性の維持をめざす戦略のことである。これはＡＮＤ１（アンド・ワン）のように、バスケットのコアなファンを対象にした商品販売戦略とも気脈を通じている。

3 組織、個人属性および成果

① 統治

統治（ガバナンス）とは、組織目標に適合したマネジメントが行われているかについて、マネジャーの行動を監視・コントロールする制度・慣行を意味する。ＮＰＯにおいては、マネジメントの上位に位置する理事会がこの機能を有する。企業所有型のクラブチームの場合、統治は企業側にあり、チームが競技以外のマネジメント（たとえば資金調達）に頭を悩ます必要はないが、現場が統治の主導権を握ることはできない。これが遠因となって、ある日突然、企業の方針転換によって企業チームが廃部に追い込まれるという事態が過去に多く見られた。

その一方で、地域密着型のチーム・クラブ運営事業においては、扱う商品がエンターテイメント商品であるがゆえに、意志決定に時間がかかる官僚的な統治機構を持つ組織ではなく、山積する課題を迅速に処理し、新しいアイデアを次つぎに実行に移すことのできる、活力ある統治モデルを考案しなければならない。一般にスポーツを統括する国内競技団体（ＮＦ）の統治は、無給の非専従理事からなる理事会と、有給の常務理事、そして事務局長などの専従の経営管理者といった二つの統治機関を通じて行われるが、残念なことに、ビジョンのないリーダーが君臨し、特定の学閥やチーム関係者が支配する、共同体的な競技団体が多く存在するのも事実であり、それが日本のスポーツ振興の停滞を招く一因となっている。

②組織構造と組織行動

戦略の実行に影響を与えるのが組織構造と組織行動であり、前者が分業や権限のパターン、そして後者が組織成員の対人的な相互作用を意味する。チーム・クラブ運営事業の場合、組織は航空母艦型もしくは八ヶ岳型とよばれる命令経路の短いフラットな組織である場合が多い。組織構造と組織行動は、スポーツ指導や競技パフォーマンスといった技術と戦略の実行に大きな影響を及ぼす。

③個人属性

組織で働く人びとの属性であるが、チーム・クラブ運営事業の場合、専従のスタッフとボランティアの両者によって構成されることが多い。クラブを事業化する際に重要とされるのは、マネジメントを実践する専従のスタッフの存在である。これまではスポーツの指導者の養成に力が注がれてきたが、今後はチーム・クラブ運営事業をマネジメントする人材の養成が急務とされる。ただスポーツに関するビジネス的な業務の拡大にともない、国内競技団体の中には、スポーツ経験の有無に関係なく、専門的なマネジメント知識を有する人材の雇用に積極的な組織もある。

④成果

チーム・クラブ運営事業の場合、その事業目標の大部分が目に見えないスポーツサービスの提供である。したがって、サービスの量と質を客観的な数値を用いて測定することが困難である。また、集団維持機能に重きを置く組織の場合、組織の存在自体に意義を求める傾向があり、成果という言葉が組織になじまない場合がある。ただ、小島が指摘するように、曖昧な組織目標が、「使命と組織目標の結び付きを弱くし、内部政治や目標置換を惹起する」ケースも散見される。

4．チーム・クラブ運営事業の将来

企業スポーツにおいても地域スポーツにおいても、チーム・クラブ運営事業化の波は着実に進行している。企業から離れて独自の運営を模索する企業スポーツチームもあれば、地域スポーツクラブをNPO法人化し、会員の拡大や補助金の獲得によって事業を拡大し、プロスポーツ化を試みるケースもある。これらのチームやクラブには、純粋にスポーツを楽しむ人びとが集う小規模なクラブから、プロチームの運営を行う株式会社まで、組織の目的や事業規模は千差万別である。
本章では、これらのクラブを経営するうえで不可欠な、マネジメントという共通原理について述べてきたが、最も基本的な問題は、事業を展開することの基本的な理解であろう。マーケティングの大家であるコトラー(15)は、マネジメントの役割を「トレードオフ(取引)を管理し、矛盾を巧みに処理することである」と述べ、「マネジメントは一瞬たりとも警戒を緩めてはならない。ビジネスとはゴールのない競争なのだ」とその本質を的確な言葉で表現した。チーム・クラブ運営事業がビジネスである限り、そこには組織目標を達成するためのマネジメントが不可欠であり、最大効果を生み出すシステムの構築が必要とされる。

【注】

1：ファンコミュニティの構成要素として、大野は、チームへの愛着と仲間意識を醸成する一方、競合ブランドへの敵対意識を共有する「共通意識」、社会的結束と行動規範、そしてブランドにまつわるストーリーを意味する「儀式と伝統」、そしてファンという誇りと暴力行為への抑制が働く「道徳的責任」の三つをあげた。

2：三つの便益については、コトラー著、平林祥訳『コトラーのホスピタリティ&ツーリズム・マーケティング』ピアソン・エデュケーション、2003年、304頁を参考にした。

3：成長マトリクスは、事業を拡大するうえで、今後の成長戦略の方向性を分析評価するためのツールであり、製品と市場を軸にした二次元の表をつくり、成長戦略を「市場浸透」「製品開発」「市場開拓」「多角化」の四つに分類するもので、経営学者のアンゾフ(16)が提示した。

4：ボストン・コンサルティング・グループが1970年代初めに開発した手法で、縦軸に市場成長率（高い・低い）、横軸に相対的マーケット・シェア（高い・低い）を配置した2×2表において、それぞれのセルを四つに分類する。それらは、「スター」（絶頂：シェアも成長度も高く、まさに製品のスターであるが、追加投資のために多額の資金が必要になる）、「キャッシュカウ」（稼ぎ頭：成熟市場などで独占的な地位を占める事業ユニットで、大きな稼ぎ頭となる）、「クエスション・マーク」（検討対象：高成長市場でありながら、自社のシェアは低く、多額の追加投資をして花形製品に育てるか、撤退するかを決めなければならない事業ユニット）、そして「ドッグ」（お荷物：市場の成長性も自社のシェアも低い状態で、撤退を考慮する事業ユニット）である。

5：商品が市場に投入されてから撤退するまでの流れを、生物の一生にたとえて考える方法で、通常「導入期」→「成長期」→「成熟期」→「飽和期」→「衰退期」という五つの段階が設定される。

6：ブルーオーシャンとは、競争者のいない新しい市場において、まだ生まれてない、無限に広がる可能性を秘めた未知の市場空間のことを意味する。反対に、レッドオーシャンとは既知の市場空間で、競争が激しく、大きな成長が見込めない混雑市場のことである。よって、競争とは無縁のブルーオーシャンという新しい価値市場を創造し、ユーザーに高付加価値を低コストで提供することで、利潤の最大化を実現することが目的となる。サーカスという既知の市場から脱出し、動物を使わず、生身の人間のパフォーマンスを強調したシルク・ド・ソレイユなどがよく知られている(17)。

【引用文献】

(1) 和田充夫『関係性マーケティングと演劇消費』ダイヤモンド社、1999年、154頁。
(2) 宮崎陽介「泣きたがるニッポン人」朝日新聞、2006年1月3日朝刊。
(3) 谷なお子「共感反応が引き起こすスポーツ観戦への影響：スポーツバーに注目して」大阪体育大学大学

院スポーツ科学研究科修士論文、２００１年。

(4) 前掲書(1)、１６０頁。

(5) http://www.yuasakenji-soccer.com/yuasa/html/bunseki.folder/h&a.html を参照。

(6) ルイス・M著、中山宥訳『マネーボール』ランダムハウス講談社、２００６年。

(7) 祖母井秀隆『祖母力：オシムが心酔した男の行動哲学』光文社、２００８年、１４０頁。

(8) 佐野毅彦・町田光『Jリーグの挑戦とNFLの軌跡：スポーツ文化の創造とブランド・マネジメント』ベースボール・マガジン社、２００６年、１０８頁。

(9) Sport Business Group at Deloitte "Annual review of football finance: a changing landscape. Deloitte" Manchester: UK, 2006.

(10) 武藤泰明「スポーツとファイナンス」、原田宗彦編著『スポーツ産業論』第13章、２００７年、１５４‐１６２頁。

(11) 小嶋廣光「ＮＰＯマネジメントとボランタリズム」立岡浩・渡辺好章『ＮＰＯ・福祉マネジメントの理論と実践』第１章、日総研出版、２０００年、20頁。

(12) 前掲書(11)、20頁。

(13) 前掲書(11)、21頁。

(14) ポーター・M著、土岐坤・中辻萬治訳『競争優位の戦略』ダイヤモンド社、１９８５年。

(15) コトラー・P著、恩蔵直人監訳『マーケティング・コンセプト』東洋経済、２００３年、１３２‐１３３頁。

(16) Ansoff, H. Strategies for Diversification, Harvard Business Review, Vol. 35 (5) :113-124, Sep.-Oct., 1957.

(17) キム・W、モボルニュ・R著、有賀裕子訳『ブルー・オーシャン戦略』ランダムハウス講談社、２００５年、28頁。

（原田宗彦）

第7章 スポーツリーグのマネジメント

1．スポーツリーグの経済学的・経営学的な理解——競争と協働

1 「スポーツリーグ」の定義

プロスポーツクラブ・球団やその集合体であるスポーツリーグには、「競技組織」と「事業組織」の2つの側面がある。本章ではさしあたり、「競技組織」としてのスポーツリーグを、「一定の形式によって互いに繰り返し試合を行うスポーツチームの集まり」と定義する。また、プロ野球の2リーグ制のようなスポーツリーグの形式や仕組みのことを「リーグ・システム League System」とよぶ。一方、事業組織としてのスポーツリーグを、「ゲーム（リーグ戦）によって発生するさまざまな権利（所有権 property rights）を利用して利潤を追求する経済主体（クラブおよびリーグ統括組

織（注1）等）の集まり」と定義する（注2）。本章では、スポーツリーグの競技組織としての競技運営（競技マネジメント）ではなく、事業組織としての事業経営（ビジネスマネジメント）に焦点を当てる。

2 スポーツリーグのプロダクトとビジネスの特徴

スポーツリーグのプロダクトは「試合（ゲーム）」もしくは「リーグ戦」であり、プロダクトとしてのゲームには「参加」と「観戦」の2種類の使用価値がある。その消費者はそれぞれゲームの参加者（パーティシパント）と観戦者（スペクテイター）であり、前者にスポーツに参加する価値を提供するビジネスを「参加型スポーツ（ビジネス）」、後者にスポーツを観戦する価値を提供するビジネスを「観戦型スポーツ（ビジネス）」とよぶ。競技者は、前者ではサービスの需要者であり、後者ではサービスの供給者となる（注3）。このとき、スポーツリーグに参加している各クラブは、他のクラブと競技において「競争」すると同時に、プロダクトであるゲームの生産において「協働」していることになり、リーグ戦に参加しているクラブにとって他クラブは「競合他社」であると同時に「ビジネスパートナー」である。こうした競技マネジメントと事業マネジメントのアンビバレンツ（両面性）が、スポーツリーグのマネジメントの大きな特徴になっている。

また、とくに「勝敗の予測不可能性」はプロダクトであるゲームの重要な「品質」であるが、個々のクラブ・球団は、この品質を自分たちではコントロールすることができない。こうしたゲーム品質の変動（大差のゲームやリーグ戦）は、スポーツリーグ・ビジネスの大きなリスクであり、クラブ間の戦力を均衡させてゲームの「品質管理」を図ることが、リーグ・マネジメントの主要なテーマになる。

3 スポーツリーグの類型

シマンスキーとジンバリスト（Szymanski, S. & Zimbalist, A.）は、スポーツリーグを「開放的・競争的なスポーツリーグ」と「閉鎖的・独占的なスポーツリーグ」という二つのタイプに分類している(1)。開放的・競争的なスポーツリーグでは、リーグ・システムは複数のリーグが階層的に接続しており、クラブは成績によって上位と下位のリーグの間を昇格／降格することで、自動的に戦力の均衡が図られる。メンバーシップは開放的で、クラブはいつでも最下位のリーグから参加でき、フランチャイズ（地域権）(注4)は設定されていないかもしくはかなり柔軟である。また、ゲームやリーグ戦によって発生する権利のほとんどが各クラブに帰属し、クラブ経営は自律的で競争的である。ヨーロッパや南米のサッカーリーグのほとんどが、こうした開放的・競争的なリーグ・マネジメントを行っている。

一方、閉鎖的・独占的なスポーツリーグでは、リーグ・システムは単層であり、リーグ統括組織が各クラブの戦力が均衡するように計画的な調整を行う。メンバーシップは閉鎖的で、リーグ戦への参加は規制されており、エクスパンション（参加クラブの拡大）は計画的に行われる。フランチャイズは厳密に管理され、各クラブにはそれぞれの地域における独占的な営業権が保障される。一方で、ゲームやリーグ戦によって発生する権利の多くがリーグ統括組織に帰属し、クラブ経営はリーグ統括組織による強い統制を受ける。たとえば、リーグ収益を参加クラブに均等に配分する「レベニューシェアリング」や、選手に支払う給与の総額を規定する「サラリーキャップ」などの制度が採用される。

このタイプのスポーツリーグの代表は、北米のプロスポーツリーグである。たとえば、NFL（National Football League）では、レギュラーシーズンゲームの入場料収入の40％、スーパーボウルを含むプレイオフの入場料収入の一部、放送権収入の全額、リーグやクラブのロゴの商品化権収入、海外および北米全土でのスポンサー収入など、リーグ戦による収入の多くがリーグ本部の収入となり、各クラブに均等に分配されている。その結果、各クラブの年間収入に占めるリーグからの分配金収入の割合は、平均70％に達するという(2)。一方で、こうしたレベニューシェアリングの制度では、戦力均衡のための再分配が戦力のためにに使われずにオーナーの懐に入るといった、下位クラブのモラル・ハザードが問題になる場合もある。

4 シングルエンティティ

また、北米のMLS（Major League Soccer）が採用している「シングルエンティティ」は、閉鎖的・独占的なリーグ・マネジメントの究極の形である。シングルエンティティでは個々のクラブは法人格を持たず、リーグはクラブを「事業部」として内部組織化している。MLSでは投資家が個別のクラブの経営を行うこともできるが、選手の移籍やマーケティング戦略の決定、放送権契約、スポンサーの獲得などはリーグ統括組織が行う(3)。こうして観戦型スポーツの大きなリスクである「ゲーム品質の変動」と「選手給与の高騰」をコントロールし、リーグ戦によって発生する権利を集中的に管理することで規模の利益と効率的なマーケティングを実現しようとしている。一方、ファイナンス的には、MLSの戦略は経営資源をリーグ統括組織に集中することで、個々のクラブにではなくリーグに投資を呼び込むものと考えることができる。

現在のところ、MLSはかなり先進的で特殊な事例である。現実の多くのスポーツリーグは、「開放的・競争的」なリーグ・マネジメントと、「閉鎖的・独占的」なリーグ・マネジメントの二つのタイプの中間型である。以下では、この類型論を用いて、とくにヨーロッパのサッカーリーグ（主にプレミアリーグ）と北米の四大スポーツリーグ（主にMLBとNFL）を比較しながら、スポーツリーグ・マネジメントのさまざまな課題について検討してみよう。

2・スポーツリーグにおける権利の帰属と収益性

19世紀のアメリカ合衆国で、企業家精神を持った球場所有者やクラブオーナーたちは、野球の試合を行うグラウンドに囲いをつけ、「ゲームを観る権利」を所有権として確立し、販売して利益をあげたという(4)。こうしてビジネスとしての観戦型スポーツリーグが誕生すると、企業家たちはさらに、ゲームに付随して発生するさまざまな属性《ぞくせい》にも次つぎに所有権を設定して取引するようになった。たとえば、「試合をテレビやラジオで放映する権利」「スタジアムの看板や選手のユニフォームに広告を入れる権利」「チームのロゴを使用して商品を企画・販売する権利」などである。このように、権利として販売されるプロダクトの多様化と相乗効果によって収益の増大を図るのが、現代における観戦型スポーツビジネスのスタンダードである。また、そうしたさまざまな権利の帰属と収入の配分は、リーグ・マネジメントの主要な課題となっている。

1 マネジメントによる収益性の違い

開放的・競争的なスポーツリーグでは、ゲームによって発生する所有権の多くがクラブに帰属しており、各クラブが競争して収入の増加を図っている。一方、閉鎖的・独占的なスポーツリーグでは、ゲームによって発生する所有権の多くがリーグに帰属しており、リーグにプールした収益の再分配（レベニューシェア等）によってクラブ間の経済格差を縮小して戦力の均衡を図り、計画的にリーグ全体の収入増加を図っている。また、閉鎖的なフランチャイズの「希少性」によってステークホルダー（利害関係者：メディアやスポンサー、自治体など）との交渉において有利な条件を引き出し、とくにスタジアムの建設などにおいて自治体から巨額の援助を得る（後述）などして各クラブの収入や資産価値を増加させている。

こうしたリーグ・マネジメントの違いは、それぞれクラブの収益性に異なる結果をもたらしている。開放的・閉鎖的なスポーツリーグの「競争政策」は、クラブ間の経済格差を拡大させる傾向があり、たとえばプレミアリーグの年間収入の上位5クラブ（マンチェスター・ユナイテッド、チェルシー、アーセナル、マンチェスター・シティ、リバプール）の平均収入は、下位5クラブの平均収入の4・2倍になる（2012シーズンのデータより[5]）。これに対し、北米の四大スポーツリーグでは、プレミアリーグほどクラブ間の経済格差は生じていない。北米四大スポーツリーグのそれぞれの上位5クラブの年間収入は、いずれも下位5クラブの2倍以下である（NFL：1・64倍、MLB：1・92倍、NBA：1・98倍、NHL：1・79倍、2013シーズンのデータより[6]）である。

また、とくにNFLとMLBの1クラブ当たりの収入は、ヨーロッパのサッカークラブを大きく上回っている（図18）。フォーブスによるプロスポーツクラブの資産価値ランキングでも、トップ3こそサッカー（レアル・マドリード、バルセロナ、マンチェスター・ユナイテッド）が独占しているが、NFLが30クラブ、MLBが6クラブ、NBAが4クラブ、NHLが1クラブと、資産価値上位50クラブのうち41クラブが北米のプロスポーツクラブである（サッカーは8クラブ、F1が1クラブ）。

ただし近年、ヨーロッパのサッカーリーグでも、放送権をリーグが一括契約して各クラブに分配するリーグが増えている。また、「UEFAチャンピオンズリーグ（UCL）」では、リーグを統括するUEFA（欧州サッカー連盟）がUEFAランキング上位国に多くの出場枠を与え、いわゆる〝ビッグクラブ〟がより多く出場できるようにし、テレビ放送権とスポンサーを一括契約して出場したクラブに収入を分配している[7]。その結果、'13／'14シーズンのUEFAチャンピオンズリーグでは、

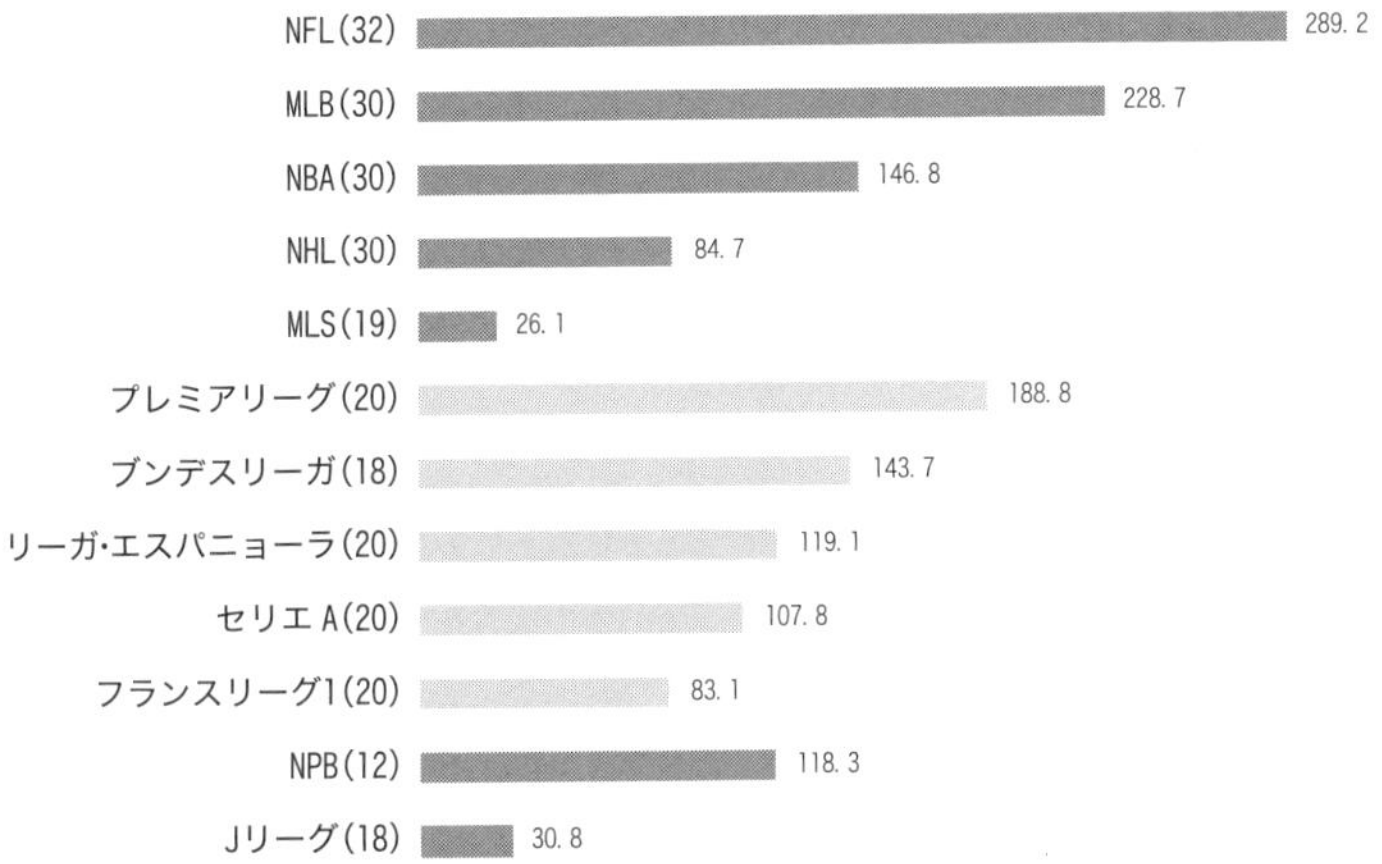

図 18　各国スポーツリーグの 1 クラブ当たりの平均年間収入（億円）

注：(　) 内はクラブ数。為替レートは 1 ドル = 96.65 円、1 ユーロ = 128.18 円で計算（三菱 UFJ リサーチ & コンサルティング http://www.murc-kawasesouba.jp/fx/yearend/index.php?id=2013　より年間平均 TTB；2014 年 9 月確認）

出所：NFL；2013 シーズン、Forbes, NFL Team Value / The Business of Football 2013.
MLB；2013 シーズン、Forbes, MLB Team Value / The Business of Baseball 2013.
NBA；2013 シーズン、Forbes NBA Team Value / The Business of Baseball 2013.
NHL；2013 シーズン、Forbes, NHL Team Value / The Business of Baseball 2013.
MLS；2012 シーズン、Forbes, Major League Soccer's Most Valuable Teams, 2013.
プレミアリーグ・セリエA・ブンデスリーガ・リーガエスパニョーラ・フランスリーグ1；2013-14 シーズン、Delotte, Annual Review of Football Finance, May 2014.
NPB；2010 シーズン、平田竹男「スポーツビジネス最強の教科書」東洋経済新報社、2012、p.106.
J リーグ；2013 シーズン、J リーグクラブ経営状況、J リーグ公式 HP、2013 年。

UEFAから総額9億400万ユーロ（約1254億円）が支払われ、優勝したレアル・マドリードが5740万ユーロ（約79億6280万円）、グループステージ出場した32クラブは少なくとも1220万ユーロ（約17億円）を受け取ったという[8]。これは事実上、強豪国やビッグクラブによる半閉鎖的・半独占的なリーグ・システムであり、出場権のない国や中堅クラブからは批判もあるという。

3・スポーツリーグの社会的便益

これまで取り上げてきたスポーツリーグの収入は、所有権が確立され、市場で取引されうる私的便益（private benefit）のみを対象にしたものである。一方、一般にスポーツには経済的・教育的・医学的等さまざまな正の「外部性（externality）」（注5）があると信じられているが、そうした「外部化された便益」は、私的便益として市場で取引することができない。このように、財・サービスの外部性による便益と、私的便益とを総合したものを「社会的便益（social benefit）」とよぶ。外部性の大きな財・サービスについては、しばしば税金が投入されることになる。本節では、そうした私的便益としては評価されないスポーツリーグの「社会的便益」について考えてみよう。

1 スポーツリーグの社会的便益

観戦型スポーツは、多くの場合民間ビジネスであり、これまでその社会的便益が話題になることはあまりなかった。しかし、すでに述べたように、1990年代以降、北米の四大スポーツリーグはスタジアム建設のために自治体から多額の援助を得ており、その社会的意義が問われるようになっている。また、その閉鎖性・独占性を背景に、フランチャイズの移転をちらつかせて自治体から高額な支出を引き出す手法には批判も多い。もちろん、リーグやクラブはさまざまな地域活動を行って地域社会への貢献をアピールしている。たとえば、NFLでは"NFL Tuesday"とよばれるイベントを行い、選手が学校や病院、市民イベントなどに出席し、参加者とのコミュニケーションを図っている[9]。また、スポーツ社会学者のコークリー（Coakley, J.）によれば、リーグやクラブは、自治体による公的資金のクラブへの投資を促すため、次のような便益を主張するという[10]。

①雇用創出効果
②地域経済への波及効果
③地元企業の活性化
④地域のPRによる観光客の増加
⑤地域へのポジティブな心理効果、クラブによる地域連帯の促進

しかし、こうした主張に対して多くの経済学者は次のように反論しているという[11]。

①スタジアムの仕事は低賃金の季節労働である。しかも高額所得者の選手の給与はその街で消費されない。選手はその地域に住んでさえいない場合も多い。
②建設資材や建設労働者はしばしば他の地域から調達される。スタジアムを建設する企業も地元の企業ではなく、スタジアム関連ビジネスの多くはレストランやエンターテイメントのフランチャイジーであり、いずれも本社は別の街にある。税金もそこに落ちるかもしれない。
③こうしたフランチャイズ・ビジネスはしばしば地域企業を追い出すかもしれない。可処分所

得は限られており、新しい商業施設であるスタジアムに客を取られて、他の地域経済の発展が阻害されるかもしれない。

④観客は近隣の街から集まる場合が多く、観戦のために宿泊するということはないし、スタジアム外での飲食やエンターテイメントの消費は限られる。スタジアムやチームは地域のPRになる一方、大きなスポーツイベントがあるときにはゲーム観戦以外を目的にする観光客の足を遠ざける。

⑤スポーツ観戦はある人びとの気分をよくするだろうが、激しいスポーツにおいてしばしば生じるマッチョ志向は別の人びとの気分を害するかもしれない。また、クラブが負けたときには負の感情を与えるだろう。

さらにコークリーは、お金持ちのオーナーや選手の資産をさらに増やすためにスタジアムに使われるお金が、別の公共財・サービスに使われた場合の「機会費用」に言及してスポーツリーグのスタジアム・ビジネスを批判している。リーグやクラブが行うさまざまな地域貢献活動も、スタジアムによって彼らが手にする数百万ドルの利益と数億ドルのキャピタルゲインに比べれば微々たるものである。その後、市民や政治家の一部はプロスポーツクラブ・球団への投資に懐疑的になってきており(12)、2000年に完成したサンフランシスコ・ジャイアンツのホームスタジアムであるAT&Tフィールド（旧称パシフィックベル・パーク→SBCパーク）の建設の際にはスタジアム建設への税金の投入が住民投票によって否決され、総工費約３億５７００万ドル（約４１０億円）はジャイアンツが負担している。

ただし、こうしたコークリーの批判はやや観念的（ideological）にすぎる部分もあると思われる。たしかにプロスポーツ球団オーナーによる公的支援へのタダ乗りは問題だが、スタジアムへのショッピングモールの併設など収益の最大化を図る企業家の努力には、公共財の効率的な利用の観点からはむしろ望ましいことも多い。とはいえスポーツリーグの社会的便益と公的投資の妥当性について検証が必要であることは確かであるかもしれない。

一方でヨーロッパのサッカーリーグでは、フットボールクラブに対する自治体の支援はもっと控えめである。イングランドでは老朽化したスタジアムでの事故がきっかけでスタジアムの基準が見直され、政府はスタジアム再開発資金として２億ポンド（約４２３億円）の補助金を支出している。しかし、実際にはほとんどのクラブが自らリスクを取って大規模投資を行っており、イングランドのトップリーグである「プレミアリーグ」の20クラブと、その下部リーグである「フットボールリーグ」の72クラブは、'92／'93シーズンから'05／'06シーズンまでの累積で22億ポンド（約４６５０億円）をスタジアムに投資し、プレミアリーグクラブは平均して収入の15％以上を、フットボールリーグクラブは収入の12％以上をスタジアムに投資してきたという[13]。

ただし、近年はイギリスでも自治体からの支援を受け、都市再開発や地域振興策の一環として、多目的で多機能なスタジアムの建設が志向されるようになっている[14][15]。スポーツリーグのビジネスが外部性を持つのであれば、その社会的便益について検証しつつ、公的資金の妥当性について検討していく必要があるだろう。

2 スポーツリーグと競技の普及・育成

観戦型スポーツと同様、あるいはそれ以上に、参加型スポーツには教育や健康など地域社会に与える社会的便益（とくに外部性）が大きいと考えられており、しばしば税金が投入されている。また、参加型スポーツを提供する競技団体のミッションは「競技の普及」と「競技者の育成」であるが、それは観戦型スポーツリーグのビジネスとも深く関係している。

①開放的・競争的スポーツリーグと競技の普及・育成

ここまで開放的・競争的なスポーツリーグとしてプレミアリーグやセリエAといった各国のトップリーグを取り上げてきたが、開放的・競争的なリーグ・マネジメントの社会的便益は、本来、その下部リーグを含めて評価する必要がある。たとえば、イングランドのサッカーリーグは、20クラブからなる「プレミアリーグ Premier League」と72クラブからなる「フットボールリーグ The Football League」というプロリーグの下に、プロ・セミプロが混在する(16)「ナショナルリーグ・システム National League System」があり、80以上のディビジョンに約1400のクラブが参加している。さらにその下には無数の地域リーグがあり、約400のディビジョンに4000以上のクラブが参加しているという[17]。このように、FA（イングランドサッカー協会）の管轄下にあるほぼすべてのリーグが「昇格／降格制度」によって接続され、原理的にはすべてのクラブにプレミアリーグでプレーする可能性が開かれている。これは、他のヨーロッパ諸国のサッカーリーグについても同様である。

もちろん、プレミアリーグと下部リーグの収入格差は大きく、プレミアリーグの下部リーグであるチャンピオンシップクラブの平均収入は、プレミアリーグクラブの約6分の1である[18]。また、その下のLeague 1、League 2、Conference Nationalのクラブまではほぼプロ選手によって編成されているが、その下のクラブからはセミプロおよびアマチュア選手が主流になる[19]。

ここで重要なのは収益性ではなく、開放的・競争的スポーツリーグの下部リーグでは、リーグによるサービスの対象が「観戦者」から「参加者」にシフトしているということである。また、リーグ戦に参加するヨーロッパのサッカークラブのほとんどが独自にユースやジュニアユースといった若年選手の育成を行っている。さらに、FIFAの移籍規則では、23歳以下の選手が移籍するとき、その選手が12歳から21歳まで在籍したクラブに対して移籍先クラブが育成補償金を支払うことが義務づけられている（「トレーニングコンペンセーション」制度）[20]。すなわち、開放的・競争的スポーツリーグは、競技の普及や育成を、しばしば内部化しているということである。そうであるならば、開放的・競争的スポーツリーグの評価は、そうした普及・育成事業の社会的便益（外部効果）についても考慮に入れるべきということになるだろう。

②閉鎖的・独占的スポーツリーグと競技の普及・育成

一方、閉鎖的・独占的な北米のスポーツリーグでは、普及や育成といった参加型スポーツのマネジメントを、高校や大学、あるいはマイナーリーグといった外部組織にアウトソースしている。普及や育成は基本的には「儲からない」事業であり、それらを徹底して外部化していることが、閉鎖的・独占的スポーツリーグの高収益性の要因の一つかもしれない。

たとえばNFLは、優秀な競技者の育成や、アメリカンフットボールのルールや文化に理解のある優良な顧客の開拓について、高校や大学のフットボール・プログラムが産み出す社会的便益に「タダ乗り（フリー・ライディング）」している。NFLのクラブが大学選手をドラフトで獲得しても、その出身大学に育成補償金などが支払われることはない。

問題は、高校や大学からみれば、NFLへの選手の供給はそのプログラム本来の目的ではない（すなわち外部効果である）ため、過少供給に陥りやすい（必要十分な供給が常に得られるとは限らない）ということである。MLBも、基本的にはやはり学校スポーツの産み出す便益にタダ乗りしているが、閉鎖的・独占的なリーグ・マネジメントによってオーナーたちが莫大な利益をあげる一方で、米国ではユース年代の野球の競技人口が減少し始めているという[21]。すなわち、経済学的には、参加型スポーツの便益を享受する経済主体が、そのコストを適切に負担（内部化）しない限り、中長期的には競技人口の減少や競技レベルの低下、マーケットの縮小といったリスクが発生すると考えられる。

もちろん、北米の観戦型スポーツリーグが、普及や育成にまったくコストをかけていないというわけではない。ＭＬＢやＮＢＡの球団は、一部のマイナーリーグと提携（Affiliate）契約を結んで資金的な援助を行っているし、ドミニカやベネズエラに「アカデミー」を開設し、年間１４００万ドル（約16億円）を支出しているＭＬＢクラブもある[22]。また、ＮＦＬもＮＦＬ選手会とともに設立した1億５０００万ドル（約１７０億円）の「ＮＦＬユースフットボール基金」を通じて、6歳から18歳までの若者や高校を対象にアメリカンフットボールのプログラムの支援を行うなどしている[23]。このようにメジャーリーグのクラブが、高校や大学、マイナーリーグのコストを適切に負担すれば、その外部効果は二者の契約関係に内部化され、より適切な供給が期待できるようになるかもしれない。

以上のように、閉鎖的・独占的スポーツリーグにおいても、中長期的には、結局参加型スポーツ（普及や育成）への追加投資が必要になる可能性が高いようにみえる。それは、ＮＦＬが参加型スポーツの基盤のない海外市場の開拓に、大いに苦戦していることからも明らかであろう。北米では圧倒的な人気を誇り、世界最大のスポーツリーグといわれるＮＦＬだが、グローバル市場では、世界的に競技が普及しているＮＢＡやＭＬＢ、ＮＨＬに大きく後れを取っている。ヨーロッパ市場開拓のために設立された「ＮＦＬヨーロッパ」も、年間３０００万ドルの赤字を出して２００７年に16年間の「実験」を終了している[24]。現在、ＮＦＬはＮＢＡの姚明《ヤオミン》の成功にならい、外国人プレイヤーの育成にテーマを絞っているようだが、外国人プレイヤーが安定的に供給され、活躍するようになるには、さらにコストがかかりそうである。

4・わが国におけるスポーツリーグのマネジメント

ここまでは「開放的・競争的／閉鎖的・独占的」というリーグ・マネジメントの類型論によって、ヨーロッパのサッカーリーグと北米のスポーツリーグを比較しながら検討してきた。本節では、同様の枠組みを用いて、わが国の代表的なスポーツリーグのマネジメントをみてみよう。

❶プロ野球

日本のプロ野球のリーグ・マネジメントの特徴は、リーグ・システムは閉鎖的・独占的だが、リーグ統括組織（日本野球機構 Nippon Professional Baseball：ＮＰＢ）には経営的なイニシアチブがほとんどなく、各クラブ（球団）の経営や戦力を均衡させるような政策がほとんど行われていない（競争的）ということである。ドラフトは完全ウェーバーではないし、レベニューシェアリングやサラリーキャップといった制度も採用されていない。一見矛盾したマネジメントにみえるが、今のところプロ野球において、クラブ間の経済格差・戦力格差が大きな問題になっているというわけでは必ずしもない。それは、親企業による損失補てんが、場合によっては収益性を度外視した戦力補強を可能にしているといった、プロ野球独特のシステムによるものかもしれない。

ただし、収入の点でみると、NPBは1990年代の中ごろまではMLBと肩を並べていたが、現在は1球団あたりの収入がMLBの2分の1に留まっている（157頁図18）。こうしたMLBとの経済格差は、NPBのスター選手が次つぎにMLBに移籍することとも関連しており、NPBが事実上のMLBの下部リーグになるのではと危惧する意見もある[25]。

NPBの経営がMLBと大きく異なる点の一つは、多くのクラブが公共や民間の施設を賃貸使用しており、ラグジュアリー・ボックスや看板広告、飲食物販といったスタジアムでの収入機会を失っていることである。スタジアムの経営権を一括購入していた福岡ソフトバンクホークス（その後親会社のソフトバンクが福岡ドームを買収）などの他、近年、千葉ロッテマリーンズが千葉マリンスタジアムの指定管理者となり、楽天ゴールデンイーグルスが宮城球場の管理許可を得るなどしてスタジアム・ビジネスを展開しているが、自治体との関係においては米国ほど独占による交渉力を駆使しておらず、また公共とのパートナーシップを築いていないと指摘されている[26]。

普及と選手育成の点では、各球団が二軍を所有しているが、北米のスポーツリーグと同様に、事実上高校や大学、企業といった外部組織に大きく依存しており、長く学校スポーツや企業スポーツの繁栄に支えられてきた。しかし、少子化や企業スポーツの衰退といった経営環境の変化は、NPBや各球団に、普及や育成の最適な供給を得るための追加的なコストを要求しているように思われる。この点については「独立リーグ」の項も参照してほしい。

2 Jリーグ

Jリーグは、従来は開放的・競争的だったJSL（日本サッカーリーグ）のリーグ・システムからトップリーグを分離し、閉鎖的・独占的なマネジメントを導入して設立された。全国放送権やリーグスポンサー、ロゴの商品化権などをリーグが一括して契約して各クラブに分配し、経営諮問委員会による経営監視や資金援助などによって各クラブの経営をサポートしている。一方で、ウェーバードラフトやサラリーキャップといった戦力均衡策はとらず、リーグ内をJ1とJ2に階層化して昇格／降格させるという開放的・競争的なリーグ・システムを残している。そうしてほぼ順位の決定したリーグ戦の終盤でも下位クラブのモチベーションが下がらないようにし、リーグ全体のゲームの品質を維持している。

現在でも、とくにJ1の多くのクラブは親企業の損失補てんを受けているといわれているが、リーグ全体の観客動員数や収入は増加してきており、閉鎖的・独占的なマネジメントが功を奏しているようにみえる。一方で、構造的な課題の一つは、リーグ・システムの開放性・競争性によるものである。2013年度実績でJ1クラブの平均営業収入が30億7800万円であるのに対し、J2は10億9000万円と3倍近い格差があり(27)、クラブが降格した際には大幅な収入減のリスクが、逆にクラブが昇格した際には戦力格差を埋め合わせるための投資リスクが生じる。

また、Jリーグクラブもほとんどが公共施設を賃貸使用しており、スタジアムでのビジネス機会を失っている。2003年には鹿島アントラーズがカシマスタジアムの指定管理者となっているが、年間20試合程度という試合数の少なさもあり、ビジネスとして確立するにはまだ多くの課題が残されている。

普及と選手育成の点では、やはりJリーグも基本的には学校スポーツや企業スポーツに依存している。ただし、Jリーグでは各クラブにユース組織を置くことを義務づけており、選手育成をリーグマネジメントに内部化しようと試みている。

また、Jリーグは自治体との関係においてプロ野球よりもうまくやっており、自治体から資金提供を受けているクラブも存在する。ただし、それは独占による交渉術によるというより、事業の公共性を強調するリーグの経営戦略とブランディングによるところが大きいように思われる。

3 企業スポーツリーグ

「企業スポーツ」(Company Sport)とは、原則的には労務管理や福利厚生の方策の一環として企業が被雇用者(従業員)のスポーツ活動を支援する仕組みのことである。わが国ではトップレベルのスポーツの多くがこうした企業スポーツによって支えられており、現在でもバレーボールやラグビーといった競技のトップリーグでは、参加しているクラブのほとんどが「企業クラブ」(Company Sport Club)である。

企業スポーツは、基本的には参加型スポーツであり、リーグ・システムは開放的・競争的である一方、各クラブは興行権を持たず、経済的な権利のほとんどはリーグ統括組織である競技団体に帰属している。近年、多くの競技団体がトップリーグを分離し、リーグ・マネジメントの強化を試みている。たとえば、バスケットボールでは、'07／'08シーズンより日本バスケットボール協会からリーグ機構を独立させて社団法人「日本バスケットボールリーグ」(Japan Basketball League：JBL〈当時〉。現在のNational Basketball League：NBL）を設立し、リーグ戦の興行権や選手の肖像権などの権利をクラブに譲渡してクラブにも収益が入るリーグ運営を試みていた。しかし、実際にクラブ主催で興行を行っていたのはプロクラブなど3クラブのみであり、残りの5クラブは興行権をJBLに返還していた(28)（注6）。

すなわち、企業クラブは親企業の内部組織であり、そのコストは親企業の経費として支出されているため、リーグ戦によって発生する権利を処理する経済主体になりにくい。また、たとえばレベニューシェアリングを導入しようとしても、リーグ戦によって得た利益を（シェアを必要としない）企業クラブ以外の独立クラブにのみ分配することは難しい。サラリーキャップについても、企業クラブの選手は原則的に親企業の雇用規定や慣行に従うため、リーグによるコントロールには限界がある。現在はNBLに限らず、バレーボールのVリーグやアメリカンフットボールのXリーグなど、多くの競技のトップリーグが企業クラブと独立クラブが混在した「混合リーグ」になっており、こうした企業クラブとの制度的なズレをどのように調整するかということが、リーグ・マネジメントの課題になっている。

一方、普及・育成については、多くの競技がやはり学校スポーツに大きく依存している。ラグビーのように少子化の影響を強く受け始めている競技もあり、各競技のトップリーグのマネジメントにおいても、普及と育成を内部化して供給を維持するための試みが求められているといえるかもしれない（注7）。

4 独立リーグ

1990年代後半に企業スポーツの衰退が進んだことをきっかけに、2005年にはバスケットボールのbjリーグと野球の四国アイランドリーグ（2008年度から四国・九州アイランドリーグ）が、また2007年には野球の北信越BCリーグ（2008シーズンからベースボールチャレンジリーグ）が開幕し、わが国にもプロフェッショナルの独立リーグが設立され始めている。

こうした独立リーグの特徴は、基本的には閉鎖的・独占的なリーグマネジメントを取り入れているということである。たとえば、bjリーグでは株式会社であるクラブが組合を結成し、「株式会社日本プロバスケットボールリーグ」にリーグの運営を委託する形式を取っている。放送権や商品化権、リーグスポンサーはリーグが一括して契約し、各クラブに均等に配分される(29)。サラリーキャップも採用され、各チーム一律に選手およびクラブ職員の給与総額の上限が6～7000万円に設定されている（注8）。

一方、四国アイランドリーグは、立ち上げ当初は、各クラブがリーグ統括組織である（株）I

ＢＬＪの事業部に位置づけられるシングルエンティティの形態を取っていたが[30]、２００６年シーズンからは各クラブを株式会社化して独立採算制を取っている。自らをＮＰＢに選手を輩出するための育成リーグとして位置づけており、育成選手を含めて毎年数名の選手がＮＰＢからドラフト指名を受けている。２００７年には千葉ロッテマリーンズが四国アイランドリーグの１クラブを買収するか、もしくは選手・コーチを派遣する構想があったが、プロ野球実行委員会での承認が得られず、実施を断念した[31]。ＭＬＢについて述べたように、ＮＰＢにとって独立リーグとの提携は、育成を内部化して選手供給の最適化を図るマネジメントの機会であり、検討していく価値があると考えられる。

ただ、いずれの独立リーグの経営も、現在までのところは必ずしも順風満帆というわけにはいかないようだ。従来のわが国にはない新しい形態のビジネスであり、欧米のビジネスモデルを参考にしつつ、文化的・経済的な基盤の異なるわが国独自のビジネスモデルを探る試行錯誤が続いている。

【注】

1：リーグ事務局、リーグ機構、コミッショナー事務局などとよばれる場合もある。
2：スポーツリーグを構成する経済主体としては、他に選手や審判の労働組合などが含まれる場合もある。
3：ただし、両者の区別はしばしば曖昧である。後述するように、開放的・競争的スポーツリーグの下位リーグはアマチュアの「参加者」を対象としたビジネスであり、上位リーグはプロフェッショナルのアスリートによる「観戦型」スポーツビジネスであるという二重構造を持つ。中位のリーグではプロ、セミプロ（スポーツ以外にも職業を持つ）とアマチュアが一緒にプレーすることもありうる。

4：「地域権」とは、クラブが所在する一定の地域内における営業権のことを指す。たとえば、日本プロ野球協約第7章37条では次のように規定されている。「（野球上の利益保護）この組織に属する球団は、この協約の定めによりそれぞれの地域において野球上のすべての利益を保護され、他の地域権を持つ球団により侵犯されることはない。」

5：「個人や企業が他の主体に直接影響を及ぼすような行動をとっても、それに対して支払いを行ったり、また支払いを受けないときには、経済学では外部性（externality、もしくは外部効果：external effect）が存在するという」（スティグリッツ『入門経済学 第3版』東洋経済新報社、２００５年、２１５頁）

6：２０１６年より、bjリーグのクラブも参加してプロリーグである「ジャパン・プロフェッショナル・バスケットボールリーグ（Bリーグ）」が開始される予定である。これにより、バスケットボールのトップリーグから企業クラブは姿を消すことになる。

7：たとえば、ラグビーやアメリカンフットボールは、それぞれ競技団体が「タグラグビー」や「フラッグフットボール」といったカジュアル化した競技による普及活動を行っている。

8：最低年俸補償額は３００万円で登録選手は１クラブ15名まで。

【引用文献】

(1) Stefan Szymanski, Andrew Zimbalist "National Pastime: How Americans Play Baseball And The Rest Of The World Plays Soccer" Brookings Inst Pr, 2005（田村勝省訳『サッカーで燃える国 野球で儲ける国—スポーツ文化の経済史』ダイヤモンド社、２００６年）

(2) 種子田穣『アメリカンスポーツビジネス　ＮＦＬの経営学』角川学芸出版、２００７年、１２９‐１３２頁。

(3) Richard M. Southall and Mark S. Nagel, "Marketing professional soccer in the United States: the successes and failures of MLS and the WUSA (Michel Desbordes, Marketing and Football: An International Perspective)" Butterworth-Heinemann, 2006, p.371.

(4) 前掲書(1)、pp.24-30.

(5) Deloitte, Annual Review of Football Finance, Databook, 2013より筆者算出。

(6) Forbes, NFL（MLB／NBA／NHL）Team Value／The Business of Football 2013, 2014より筆者算出。（２０１４年９月確認）

(7) 大住良之『ＡＦＣチャンピオンズリーグは欧州ＣＬになれるか？』Sport Management Review, Vol.8, 2008, pp.36-39.

(8) UEFA.com「２０１３‐１４シーズンＵＣＬ分配金が確定」、２０１４年６月23日、http://jp.uefa.com/uefachampionsleague/news/newsid=2118052.html（２０１４年９月確認）

(9) 前掲書(2)、１９１‐１９５頁。

(10) Jay Coakley, Sports In sociology Issue & Controversies［Kindle版］, HSSL（11版）, 2014, p.371.

(11) 前掲書(10)、p.372.

(12) Jay Coakley, Sports In sociology Issue & Controversies Eighth Edition, McGraw Hill, 2003, p.390.

(13) Deloitte, Annual Review of Football Finance,2007, p.49.

(14) 前掲書(13)、p.51.

(15) 社団法人日本プロサッカーリーグ『欧州におけるサッカースタジアムの事業構造調査』２００８年7月。

(16) "England Football", League321.com Football League Table Result & Statistics, http://www.league321.com/england-football.html（２０１４年９月確認）

(17) the Pyramid.info : Statistics, http://www.thepyramid.info/stats/stats.htm（２０１４年９月確認）
(18) 前掲書(5)より筆者算出。
(19) League321.com, Football League Table Result & Statistics, http://www.league321.com/england-football.html（２０１４年９月確認）
(20) 小澤一郎「サッカー選手の正しい売り方　移籍ビジネスで儲ける欧州のクラブ、儲けられない日本のクラブ」カンゼン、２０１２年、２３８‐２３９頁。
(21) 前掲書(1)、p.257.
(22) 前掲書(1)、p.259.
(23) 前掲書(2)、１６７‐１７３頁。
(24) "NFL folds Europe league, to focus on regular-season games abroad", ESPN.com, Updated : June 29, 2007, 8 : 53 PM ET, http://sports.espn.go.com/nfl/news/story?id=2920738（２０１４年９月確認）
(25) 大坪正則『プロ野球は崩壊する！スポーツビジネス再生のシナリオ』朝日新聞社、２００４年、61‐84頁。
(26) 小林至『合併、売却、新規参入。たかが……されどプロ野球！』宝島社、２００４年、56‐73頁、１３７‐１５０頁。
(27) Ｊリーグ公式ＨＰ，Ｊリーグクラブ個別情報開示資料、２０１３年。
(28) 「日本バスケットボールリーグ」設立発表会見（３／３）、スポーツナビ、２００７年７月18日、http://sportsnavi.yahoo.co.jp/basket/other/column/200707/at00013924.html（２００８年３月確認。）
(29) 原田宗彦「上々の滑り出しを見せたbjリーグが日本のプロスポーツに示す可能性」Sport Management Review, vol.2, ブックハウスＨＤ、２００６年、48頁。
(30) 前掲書(29)、49頁。
(31) 『ロッテ、四国派遣困難に　プロ野球実行委承認得られず』日経新聞２００７年11月７日。

【参考文献】
・伊藤元重『入門経済学　第2版』日本評論社、2002年。
・奥野信宏『公共経済学』岩波書店、1999年。
・ジョセフ・E・スティグリッツ／カール・E・ウォルシュ『スティグリッツ入門経済学　第3版』東洋経済新報社、2006年。
・菊澤研宗『日米独組織の経済分析─新制度派比較組織論─』文眞堂、1998年。

（澤井和彦）

第8章 トップスポーツ選手のマネジメント

1・選手の発掘と育成

競技スポーツの記録（成績）の向上にともない、選手の早期の発掘・育成は世界中のテーマになっている。たとえば、2012年のロンドン五輪に向けてイギリス政府のスポーツ組織であるUKスポーツは、素質のある選手を電子メールで探す作戦を開始し、ドイツでは「タレント・デー」と称してショッピングセンター等でスポーツ・イベントを開き、成績優秀者を後で招集したという(1)。このようにさまざまな手法で優秀な選手たちを発掘する試みが世界中で行われている。

1 中国の科学的スポーツタレント発掘

科学的なスポーツタレント発掘で有名なのは中国である。『スポーツタレントの科学的選抜』(2)

という本には、中国のスポーツタレント発掘における科学的な選抜方法が詳細に記されている。

中国におけるスポーツ選手のタレント発掘および育成の成果は、２００８年の北京五輪でのメダルの獲得総数ではアメリカに次いで2位であったものの、金メダルの数では51個とアメリカの36個を上回り1位となったことからも顕著である[3]。

図20は中国のタレント選抜のデータ管理システムを表したものである[2]。地方で測定されたデータは市、区、省で得られたデータとともに中央組織（現在では国家体育総局）に集められる仕組みとなっている。

集められるデータは、これまでの中国の長年の研究成果に基づき、(1)家庭調査、(2)体格検査、(3)発育状況および思春期の分類などに関するものであり、それを具体的にみれば、次のようである。

(1)家庭調査では、①両親、祖父母、兄弟の身長・体重・体型などの特徴、②両親、祖父母、兄弟の健康状態および既往歴や慢性病の有無、③両親、祖父母、兄弟の運動能力やスポーツへの興味、④被験者が両親のだれに似ているか、⑤被験者の出産歴と妊娠歴までもが調査項目に入っている。

(2)体格検査においては、①筋肉、②骨格系統、③心臓血管系統、④呼吸系等、⑤肝臓検査、⑥血液検査、⑦尿検査、⑧個人の既往歴の八つの局面からの詳細な検査が行われる。

(3)発育状況および思春期の分類に関しては、かなり詳細な調査が行われている。すなわち、利き手でないほうの手の甲と橈骨・尺骨の下端のX線写真を撮り、骨年齢を測定し、それで発育程度を判断している。また、X線撮影の不可能な地域では、陰毛、睾丸、乳房の発達程度により骨年齢を

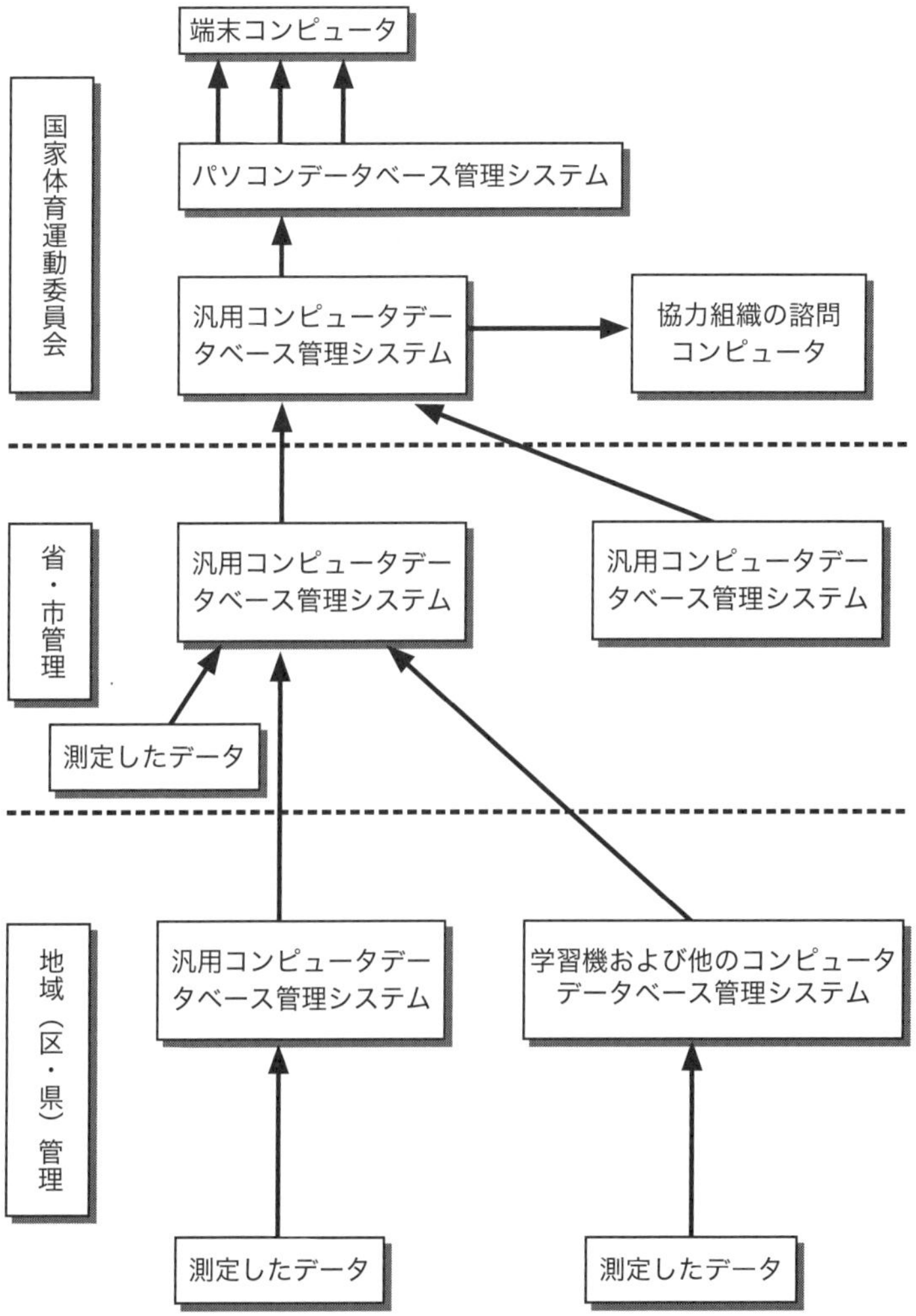

図 20　中国のタレント選抜のデータ管理システム

（曾凡輝ら，1998, p.382）

推測し、発育程度を判断している。

2 日本のスポーツタレント発掘の取り組み

■タレント発掘のプログラムの変遷

従来は、各スポーツ組織にジュニアのスポーツタレントの発掘が任されてきた。たとえば、水泳では1964年の東京五輪での競泳の不振を受け、当時のロート製薬のオーナーであった山田輝郎氏が私財にて全国から素質のある子どもを集めて、山田スイミングクラブとして女子のエリートスイマー育成を行い、1972年の青木まゆみ選手の金メダル獲得に結びつけた。しかしながら、競技レベルの高度化にともない、国際的な競技力を向上するには昔のように一つのクラブや一つのスポーツ組織が行える領域をはるかに超える対策が必要とされる時代が訪れた。中国のような国家体制の中では、地方から中央へと選手を発掘・育成するための中央集権による選手発掘と強化が容易であるが、日本のような体制では、さまざまな要素によりそのような効率的な選手発掘および育成が困難であった。

しかし、2000年に策定された日本の「スポーツ振興基本計画」において「国際競技力の向上」と「オリンピックにおける3・5%のメダル獲得」が目標とされ、その達成に向けた一貫した指導システムの構築のために「優れた素質を有する競技者の発掘手法の研究開発」（タレント発掘）の必要性が主張された。また、翌年の2001年には国立スポーツ科学センター（JISS：Japan

Institute of Sports Science）が設立され、この国の目標を達成するための具体的な取り組みを展開するための中心となる施策として、①タレントの発掘、②スポーツ情報の提供、③医・科学サポートシステム、④医・科学研究という四つの事業展開を行った。また、地域との連携を確立するために、2002年度に「地域ネットワークプロジェクト」を立ち上げ、JISSと日本オリンピック委員会（JOC）が今後の国際競技力向上のための方策として重要と考えた、長期的な観点からのタレント発掘・育成を諮《はか》った。これがわが国のタレント発掘・育成事業の始まりである(4)。また、福岡県タレント発掘事業がそのモデルとしてスタートした。

2003年の「福岡県スポーツ振興基本計画」において、「スポーツによる自己実現の支援と県民を元気づけるトップアスリート養成プラン」が示された。これはすなわち、国の「一貫指導システムの構築」と「地域ネットワークプロジェクト」をJISS、JOCと福岡県が協力して実現する基盤となるものであった。

2004年から福岡県がこの「福岡県スポーツ振興基本計画」に基づき、独自のジュニアタレントの発掘を開始し、2014年度までに11地域に拡がった。

■タレント発掘・育成プログラム（TDI）

日本のタレント発掘・育成プログラムは、メダル獲得の可能性を有する選手（Talent）を、より多くの候補者の中からコーチの目と科学的な手法を用いて識別（Identification）し、系統立てられた競技者育成プログラムの中で組織的かつ計画的に育成（Development）することからTalent Development Identification（ＴＤＩ）と呼ばれる(4)。

日本のＴＤＩプログラムは、識別と育成の形態から三つ（種目非特定型、種目転向型、種目特定型）に分類される(5)。日本では地方自治体が事業主体者として各ＴＤＩプログラムを進めており、各地方自治体の有する資源（公費等）を活かすことのできる独自性の高いプログラムとなっている。

■地域タレント発掘事業におけるプログラムの構成

地域タレント発掘・育成事業のプログラムは、表８に示すように、三つの観点から構成されている。一つ目の観点である種目適性では、競技経験の有無にかかわらず篩《ふるい》にかけて選抜するということである。また二つ目の観点は育成である。育成は身体能力、知的能力、国際経験、保護者という四つの局面から行われている。最後のパスウェイ（適合・活用）という観点である。ここでは競技体験や種目選択を通してパスウェイを決定すること、そして、その選択された種目での環境整備ということから、指導者育成や各競技団体への橋渡しというプログラムが必要とされる。

図21はJapan Sport Council（日本スポーツ振興センター）が示した理想とする日本のアスリートのパフォーマンスパスウェイからみた事業の構造である(5)。

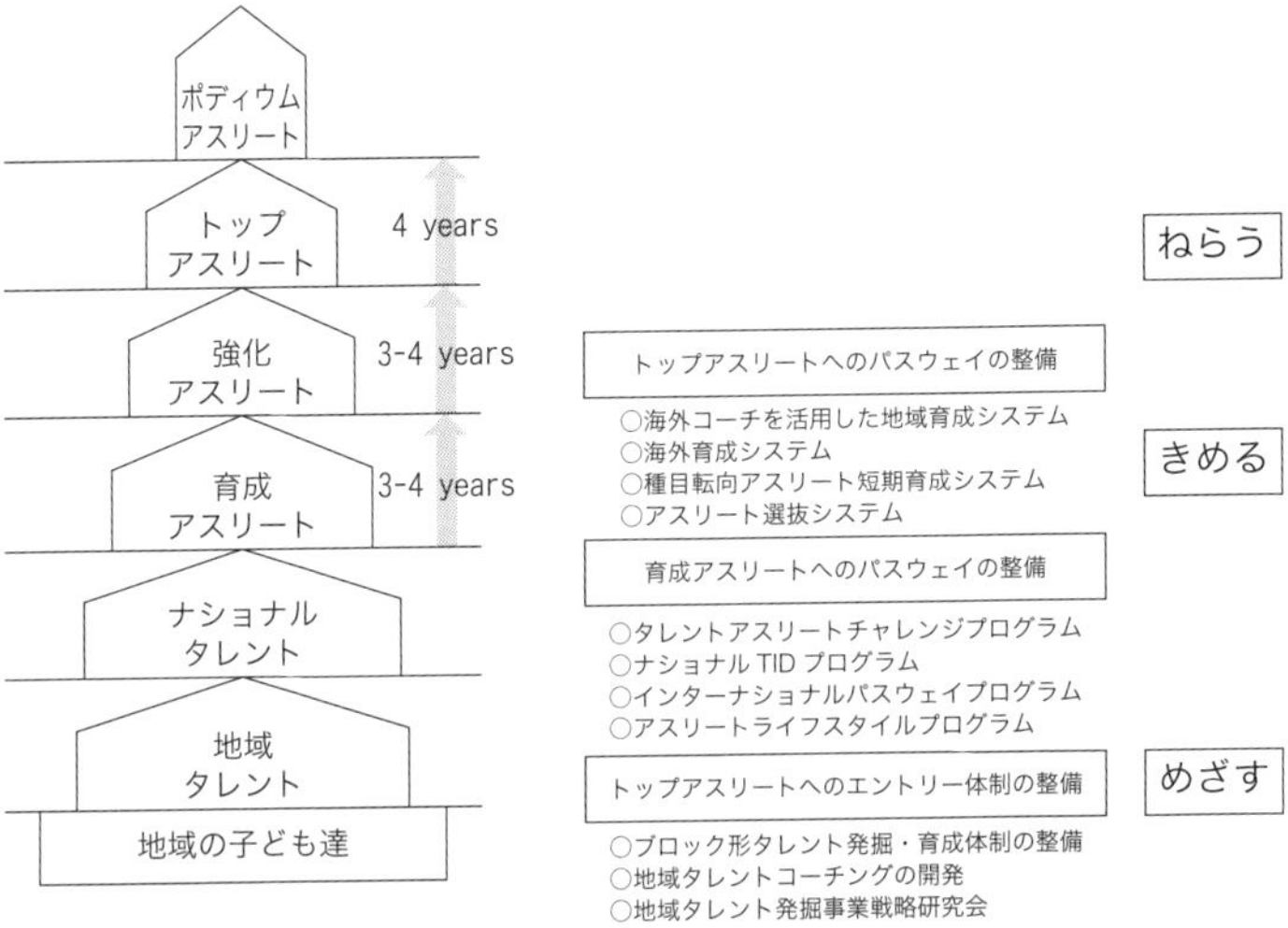

図21　アスリートのパフォーマンスパスウェイからみた事業の構造
(JAPAN SOPORT COUNCIL, 2014)

表8　地域タレント発掘事業におけるプログラム構成
(JAPAN SPORTS COUNCIL, 2014)

種目適性		競技経験の有無に関わらず篩いにかける
育成	身体能力	競技者としての基礎体力を向上させる
		専門的体力向上させ，専門的技術を習得させる
	知的能力	エリート競技者となるためのスポーツ教養教育
	国際経験	エリート競技者のしての国際経験に曝露する
	保護者	保護者に対するスポーツ教養教育
適合・活用（パスウェイ）	競技体験 種目選択	適性のある競技を見つけ，選ぶ
	環境整備	各競技団体の競技者育成プログラムの整備 各競技団体への橋渡し

■今後の課題

山下によれば、タレント発掘・育成プログラムは、国際的な競技会でのメダル獲得競争での「僅かな差」を生み出す戦略の一つだという(4)。その「僅かな差」を生み出す先進的な世界基準のタレント発掘プログラム（イギリスやオーストラリアのTDIプログラム）から、①明確な達成目標（ゴール）セッティング、②明確なプログラム（事業）コンセプト、③明確な責任の所在と役割分担、④プロフェッショナル（専任）スタッフの配置という要件を備える必要があると述べている。

２０２０年の東京オリンピック・パラリンピック大会に向け、オリンピアンをめざすアスリートのみならずパラリンピアンのタレント発掘・育成という観点からの研究が行われている(6)。したがって、健常者のみならず障害者の中からも高い競技レベルでパフォーマンスを発揮できるアスリートを発掘し、育成するということに価値を見いだすというダイバーシティの視点で、以上の四つの要件を満たすことが重要である。

２・指導育成のマネジメント

文部科学省は２０１５年10月にスポーツ庁を創設した。２０２０年東京オリンピック・パラリンピック大会における金メダルの大幅増を最重点課題とし、そこで活躍が見込める競技への強化費の集中などが方針として立てられている。

競技団体への強化費は、スポーツ庁が主導し配分する「戦略的強化費」と、日本オリンピック委員会を通じて配分する「基盤的強化費」の2本立てである（2015年現在）。

スポーツ庁は、各団体から具体的な目標を提出させ、直近の五輪2大会のメダルの獲得状況や、メダルの可能性のある選手の有無などを審査し、戦略的強化費の配分先である重点競技を決定する。

1 日本の競技スポーツ向上のための支援体制

それでは、このような新しい指導育成の体制を作れるようになった背景を理解しよう。

図22は、わが国の競技スポーツの支援体制をどのように整えようとしているかを示したものである。

文部科学省は、1961年に制定された「スポーツ振興法」に基づき、2000年に「スポーツ振興基本計画」を策定し、2010年までの10年間に取り組むべき主要な課題に沿って、それぞれの政策目標を定め、実行する具体的な施策を定めた(7)。競技スポーツにおいては、「我が国の国際競争力の総合的な向上方策」として、「(1)オリンピック競技大会をはじめとする国際競技大会における我が国のトップレベルの競技者の活躍は、国民に夢や感動を与え、明るく活力ある社会の形成に寄与することから、こうした大会で活躍できる競技者の育成・強化を積極的に推進する。(2)具体的には、1996年（平成8年）のオリンピック競技大会において、我が国のメダル獲得率が1・7パーセントまで低下したことを踏まえ、我が国のトップレベルの競技者の育成・強化のための諸施策を総合的・計画的に推進し、早期にメダル獲得率が倍増し、3・5パーセントになることを目指す。」(8)と明記した。また、その政策目標を実現するための必要不可欠な施策として、(1)一貫指導システムの構築、(2)トレーニング拠点の整備、(3)指導者の養成・確保を挙げた。そして、競技力を担当する文部科学省の競技スポーツ課が、日本スポーツ振興センターを通じて、ナショナルトレーニングセンターの設立、スポーツ振興基金の補助金の提供などにより、JOCスポーツアカデミー事業を支援するという仕組みとなっている。

2 これからのトップアスリートの指導育成における課題

JOCは、これらの国からの補助金と、マーケティング委員会が独自に獲得しているスポンサーシップの両方の財源を元に、トップアスリートと指導者のための指導育成のシステムを支えているが、ここで見落とされているのが、パラリンピック選手たちである。

フランス、イギリスなど他国では、トップアスリートとしてオリンピック選手とパラリンピック選手の両方を支援できる仕組みを持っている。しかしながら日本の場合は、JOCは、障害を持つ選手（パラリンピック選手）を強化選手の対象としていない。なぜならば、2015年以前は、JOCを管轄する文部科学省と異なり、障害者スポーツの管轄は他省である厚生労働省となっていたからである。したがって、パラリンピック大会に出場する選手であるパラリンピック選手は日本パ

表９　ＪＯＣスポーツアカデミー事業概要一覧

（日本オリンピック委員会，2007）

	JOCナショナルコーチアカデミー	JOCエリートアカデミー	JOCキャリアアカデミー
目標	● 有給・専任化で国際的な競技水準を踏まえた強化ができるプロコーチを雇用・育成する。 ● 国際総合競技大会に派遣されるコーチ陣は，本課程を終了したものを対象とする。 ● 本資格を国家資格同等に位置づけ，リタイア後も本資格を活用したリクルート活動ができる環境を整備する。	● オリンピックをはじめとした国際大会で活躍できるトップアスリートを育成する。 ● 世界に通じるアスリートとしてのスキル教育を行うとともに将来にわたり日本を代表し，社会に活躍できる人材育成のための環境を整備する。	● トップアスリートとコーチ，スタッフのキャリアトランジッションサポートの総本山を築く。 ● トップアスリートの人的資源の社会還元を促進させる。
概要	●10週間の講義と試験に加え，２週間のインターンシップ（NFs）を加え，計12週間の期間で実施する。 ● 選択種目やｅラーニング等を活用した補講プログラムも導入する。 ● 本資格終了後も４年に一度のカンファレンスと隔年にセミナーを行い継続教育を行う。	● 全体管理と運営：JOC ● 教育機関：JOC指定の小・中・高校（大学） ● 競技：各競技団体（NFs） ● 日常生活：JOCとNFs	● ナショナルトレーニングセンター（NTC）中核拠点にキャリアサポートセンターを設置し，諸機能の集約化を行う。 ● キャリアトランジッションへの心構えと対応スキル習得の動機づけを図る。 ● 文部科学省，行政との連携によるアスリートの職域拡大を図る。
対象	NFsが推薦するナショナルコーチまたはその候補者。	NFsが推薦するアスリート，指導者。	トップアスリートとコーチ，スタッフ。

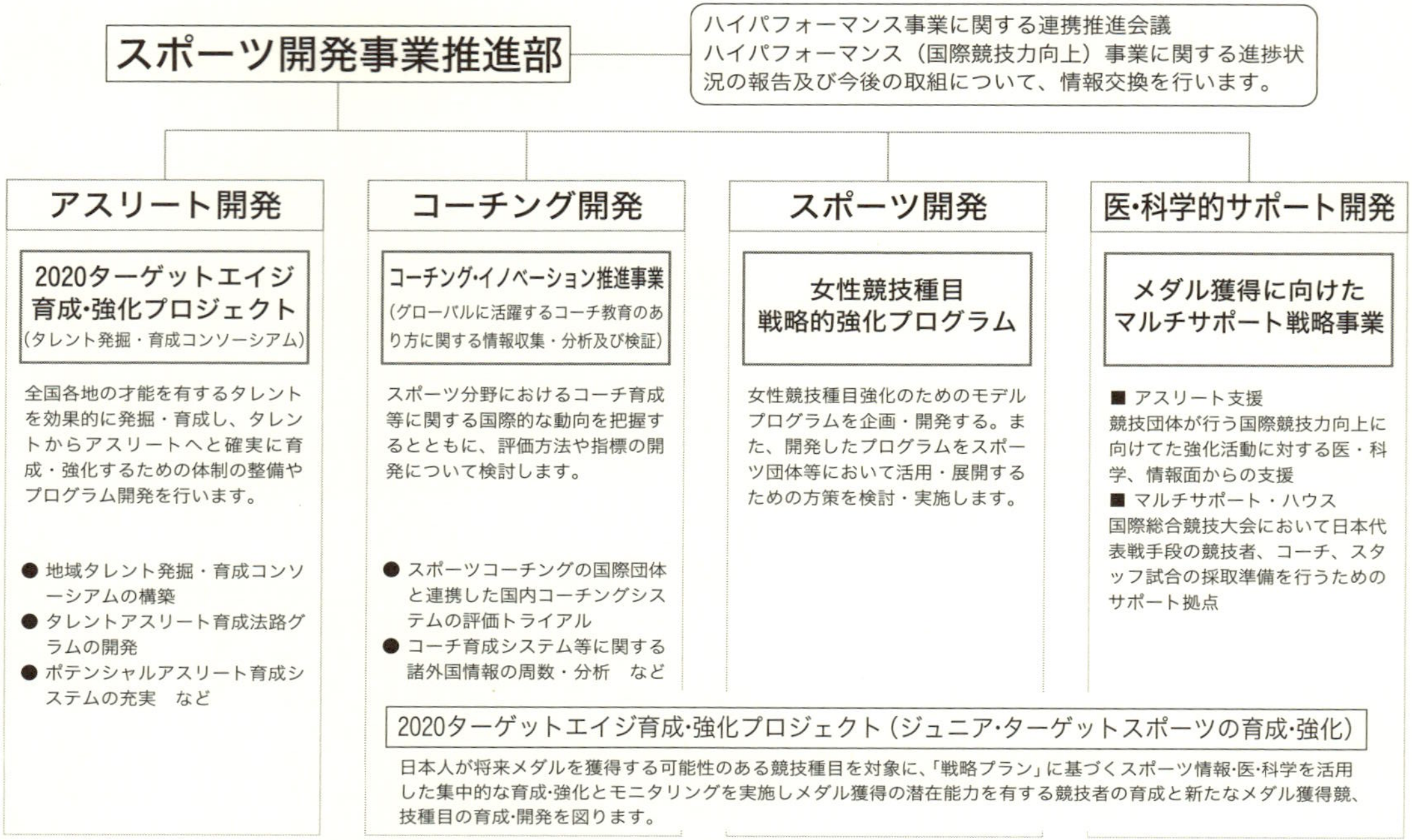
スポーツ開発事業推進部
ハイパフォーマンス事業に関する連携推進会議
ハイパフォーマンス（国際競技力向上）事業に関する進捗状況の報告及び今後の取組について、情報交換を行います。
アスリート開発
2020ターゲットエイジ育成・強化プロジェクト
(タレント発掘・育成コンソーシアム)
全国各地の才能を有するタレントを効果的に発掘・育成し、タレントからアスリートへと確実に育成・強化するための体制の整備やプログラム開発を行います。
● 地域タレント発掘・育成コンソーシアムの構築
● タレントアスリート育成法路グラムの開発
● ポテンシャルアスリート育成システムの充実　など
コーチング開発
コーチング・イノベーション推進事業
(グローバルに活躍するコーチ教育のあり方に関する情報収集・分析及び検証)
スポーツ分野におけるコーチ育成等に関する国際的な動向を把握するとともに、評価方法や指標の開発について検討します。
● スポーツコーチングの国際団体と連携した国内コーチングシステムの評価トライアル
● コーチ育成システム等に関する諸外国情報の周数・分析　など
スポーツ開発
女性競技種目
戦略的強化プログラム
女性競技種目強化のためのモデルプログラムを企画・開発する。また、開発したプログラムをスポーツ団体等において活用・展開するための方策を検討・実施します。
医・科学的サポート開発
メダル獲得に向けた
マルチサポート戦略事業
■ アスリート支援
競技団体が行う国際競技力向上に向けてた強化活動に対する医・科学、情報面からの支援
■ マルチサポート・ハウス
国際総合競技大会において日本代表戦手段の競技者、コーチ、スタッフ試合の採取準備を行うためのサポート拠点
2020ターゲットエイジ育成・強化プロジェクト（ジュニア・ターゲットスポーツの育成・強化）
日本人が将来メダルを獲得する可能性のある競技種目を対象に、「戦略プラン」に基づくスポーツ情報・医・科学を活用した集中的な育成・強化とモニタリングを実施しメダル獲得の潜在能力を有する競技者の育成と新たなメダル獲得競、技種目の育成・開発を図ります。

図 22　日本のスポーツ推進のための開発・支援業務

ラリンピック委員会が選考し、派遣するのであるが、日本パラリンピック委員会自体が独立した組織ではなく、(公財)日本障がい者スポーツ協会の内部に置かれていて、資金援助は厚生労働省管轄の組織からのものに限られていた。

オリンピック大会の誘致の際には、パラリンピック大会の運営が同時に含まれることは当然ながら、2003年以降に着実に前進している国際オリンピック委員会(IOC)と国際パラリンピック委員会(IPC)との合意文書による新しい動き(2008年、2010年、2012年のオリンピック・パラリンピック組織委員会は、それぞれのパラリンピック大会運営のためにある程度の金額をIPCへ与えること)がある。さらには、2006年にはこの合意期間が2014年と2016年のオリンピック・パラリンピック大会に延長されている[9]。このような新しい動きはオリンピックを誘致する都市や国は十分に把握する必要がある。また、その背景にあるスポーツにおけるダイバーティ(ジェンダー、文化、宗教、そして障害等の多様性)に価値を見出すという世界規模での考え方にも日本がいちはやく気づき、トップアスリートの指導育成のシステムを考える必要が迫っていると思われる。

そのような動きの中で、国会議員で作る「スポーツ立国調査会」が、2007年から日本に「スポーツ省(庁)」を設立することを含めた「新スポーツ振興法」を議員立法で制定することを目標にした勉強会を始めた[10]。この中では、現在の文部科学省と厚生労働省との組織的なギャップの中で解決の難しいパラリンピック選手たちの処遇についても検討され、結果的に、パラリンピックムーブメントを取り込んだスポーツ庁が２０１５年10月に創設され、遅ればせながらも世界の先進国に近づいてきた。

3・選手マネジメントの実際

トップアスリートのマネジメントは、従来は選手の所属クラブに任されることがほとんどであった。しかしながら、競技パフォーマンスの高度化、そして日本の指導育成システムの遅れ、バブル経済の崩壊などの社会経済的な事情から、所属クラブだけでは国際的に通用する選手のマネジメントには限界がきていた。そこで、プロ選手や芸能人を取り扱うマネジメント会社が選手のマネジメントを行うという新しい傾向が現れ始めた。ここではフェンシングの太田雄貴選手などが契約する日本企業である株式会社スポーツビズ、そしてタイガー・ウッズ選手、錦織圭選手などが所属する国際的なマネジメント会社であるＩＭＧ（International Management Group）の例を紹介する。

❶スポーツビズ

表10は㈱スポーツビズの会社概要および事業内容を示したものである[11]。

㈱スポーツビズ（以下、スポーツビズ）は、⑴マネジメント事業、⑵コンテンツ事業、⑶マーケティング事業からなるアスリートマネジメントを基盤としたスポーツコンテンツメーカーである。ト

表 10　スポーツビズの概要　(2014 年 9 月現在)

社名	株式会社スポーツビズ（英文：SPORTS BIZ CO,.LTD）
設立年月日	平成 8 年 11 月 20 日
所在地	〒 104 - 0061 東京都中央区銀座 7 - 10 - 6　アスク銀座ビル 5F
代表取締役	山本雅一
資本金	3,520 万円（平成 19 年 10 月現在）
従業員	35 名
事業内容	マネジメント事業 アスリート・指導者・文化人の競技からライフプランまでのマネジメント及び活動サポート コンテンツ事業 スポーツ大会，イベント，ＴＶ番組等の企画・制作・運営 マーケティング事業 スポーツ関連商品プロモーション及びＭＤ事業の企画運営

ップアスリートをサポートするマネジメント事業では、「アスリートとしての潜在能力と魅力を生涯にわたり引き出し続け、その価値を高める」をコンセプトとし、アスリートの選手としての活動から、個人としての生活まで総合的にサポートしている。スポーツビズの特色の一つとして、あらゆる面で万全のマネジメントを行うため、マネージャーとは別に専門セクションとして「業務推進室」を設置している。業務推進室は(1)生活環境整備、(2)広報活動、(3)契約関連の法的サポート、(4)ファイナンシャル全般等のインフラを整備し、マネジメントサービスのプラットホームとして機能している。

さらに、スポーツビズではアスリートに専門性の高いサポートを提供すべくフェアプレイ・エージェンシー（エージェント業務）、アスリートライフ（アスリートのセカンドキャリア構築を支援）をグループ会社として持ち、数多のアスリートの魅力を社会に還元すべく

C@Spo（キャスポ：スポーツ選手専門のキャスティングサイト）の運営も行っている。

パートナーである太田雄貴選手のマネジメントを例に挙げると、太田選手は2008年北京オリンピック後の2008年11月からスポーツビズと契約を交わした。太田選手は2008年北京オリンピックでは日本フェンシング史上初となる銀メダルを獲得し、同年11月には森永製菓株式会社に入社した。続く2012年ロンドンオリンピックでは団体銀メダルを獲得し、2大会連続でメダリストとなった。2013年には、国際フェンシング連盟のアスリート委員長に就任。また、東京2020オリンピック・パラリンピック招致委員会の招致アンバサダーに就任し、開催決定に大きく貢献した。スポーツビズのマネジメントにより、太田選手は競技に集中し、最高のパフォーマンスを追求できるサポートを受けながら、自身が企画・開催する「フェンシングフルーレ太田雄貴杯 powered by in ゼリー」（小学生の子どもたちの目標となることをめざして作られた大会）や2012年ロンドンオリンピック後に立ち上げた「SUPER FENCING プロジェクト」（フェンシングの普及を目的としたプロジェクト。日本のフェンシング競技人口を3万人に増やすことを目標に活動）等、フェンシングの普及活動を精力的に行っている。これらのイベント活動は、スポーツビズのマネジメント事業部が、太田選手が競技に集中できる環境を整え、マーケティング事業部と連携し、太田選手の所属先である森永製菓や日本フェンシング協会と一体となって行っている。スポーツビズでは、このようなスポーツイベントを、各々の事業が有機的に機能し、アスリートというブランドの価値を高め、新たなビジネスを創造する協働の仕事としてとらえている。スポーツビズと太田選手とのパートナーシップにより、太田選手の所属する森永製菓は「おいしく、たのしく、すこやかに」をモットーとする社会貢献活動の一つとして「SUPER FENCINGプロジェクト」を、競技人口増加を狙う日本フェンシング協会の協力のもと、実現させている。

アマチュアスポーツ組織としての競技団体は今後、選手のマネジメントを成功させるという新たな局面に挑戦するためには、スポーツビズのような日本の慣習や文化を理解している企業（マネジメント会社）との協働作業がとても重要になってくると思われる。

2 IMG

日本企業であるスポーツビズに対し、IMGはアメリカのクリーブランドに本社を置き、日本を含む30カ国におよそ70のオフィスを持つグローバルな企業である。1960年にプロゴルファーのアーノルド・パーマー選手と創設者のマーク・マコーマック氏の出会いから生まれた会社であり、スポーツとビジネスを結びつけた最初の企業ともいわれている(12)。

IMGはトップアスリートのマネジメントばかりではなく、トップモデルのマネジメント、スポーツやファッションのイベント、ライセンシング、マーケティング、コンサルティングなど、多岐にわたるビジネスを展開している会社である。1996年にタイガー・ウッズ選手のマネジメント契約をし、2014年には、NIKEをはじめとする8社の企業をスポンサーとしている。タイガー・ウッズ選手のオフィシャルサイトは、タイガー・ウッズ基金などの情報も含めて選手としての活躍の様子と同時に、幅広い社会的な活動を展開していることを広報するなど、タイガー・ウッズというブランドの奥行きの深さを体感できるものとなっている。

ＩＭＧのアスリートマネジメントには、「世界をめざす選手」というキーワードが存在する。アメリカのフロリダ州にあるＩＭＧアカデミーは、東京ドーム16個分に相当する規模の敷地に、テニスコート、ゴルフ練習場、バスケットコート、サッカー場、野球場（二つ）を持つプロスポーツ選手を養成する施設である。ここで、世界中から集まってきたおよそ６００名の生徒たちがプロになる夢を追いかけて日々練習に励んでいる。ロシア人のテニスプレーヤーであるマリア・シャラポア選手もこのＩＭＧアカデミーでトレーニングを積み、成功している選手の一人である。

さらに、ＩＭＧの強みは世界最大のスポーツ番組制作・配給会社であるＩＭＧＭｅｄｉａを持つことでもある。ＩＭＧＭｅｄｉａは、ＩＯＣがオリンピックアーカイブ素材（フィルム・ビデオ映像）を管理、公式に供給する機関として設立した「オリンピック・テレビジョン・アーカイブ・ビューロー（ＯＴＡＢ）」をＩＯＣの委託を受けて運営している。さらには、世界で50を超えるスポーツ競技団体や組織委員会より委託を受けて、主要国際スポーツおよびエンタテインメント・イベントのテレビ放送権の販売をも、世界中のオフィスネットワークを通じて行っている。

世界で通用するであろう選手を早い時期から発掘し、ＩＭＧアカデミーで養成し、そしてアスリートとしての商品価値を高めるメディアの機能を十分に発揮しながら、アスリートをマネジメントする企業である。ＩＭＧの契約選手の条件は世界で通用する選手であることから、日本という枠組み（あるいは慣習）でマネジメントすることはなく、国際的なスケールを持った選手を早い時期に見きわめ、契約を成立させる必要がある。

ＩＭＧはプロテニスプレーヤーの錦織圭選手と契約しているが、ＩＭＧには錦織選手をサポートする"Team Kei"が存在する。"Team Kei"は２名のマネジメントスタッフ（ＩＭＧ Tennis とＩＭＧ Tokyo のそれぞれのバイス・プレジデント）、２名のコーチ、そして専属トレーナーの５名のプロフェッショナルで構成されている。プロ選手として世界で活躍することを念頭に入れた世界規模でのマネジメントを行っているのが特徴的である。

トップアスリートのマネジメントは、スポーツビジネスの発展とともに今後ますます変化していくことと思われるが、選手を貴重なブランドであると位置づけ、そのブランドの価値をいかにして高めていくかを考えながら、日本企業のスポーツビズや国際的な企業のＩＭＧのようにメディアとの関係の強いマネジメント会社が存在感を強めていくと思われる。

【引用文献】

(1) ＪＩＳＳスポーツ情報研究部「Progressing World」トレーニングジャーナル、３２３、ベースボールマガジン社、２００６年、40‐41頁。
(2) 曾凡輝、王路徳、邢文華他著、関岡康雄監修、譚璞訳『スポーツタレントの科学的選抜』道和書院、１９９８年。
(3) ヤフースポーツ、http://beijing.yahoo.co.jp/medal/

(4) 山下修平「タレント発掘・育成事業の今日的趨勢」トレーニング科学、2014年。
(5) JAPAN SPORT COUNCIL パンフレット、2014年。
(6) 岡田梓「日本の障害者エリートスポーツの国際競技力に関する研究—SPLISSモデル援用の可能性—」順天堂大学大学院スポーツ健康科学研究科修士論文、2014年。
(7) 日本オリンピック委員会『JOC GOLD PLAN』2007年。
(8) 文部科学省『世界の頂点をめざして』2007年。
(9) International Paralympic Committee (IPC): http://www.paralympic.org/release/Main_Sections_Menu/IPC/About_the_IPC/IPC_IOC_Cooperation/
(10) スポーツ立国調査会『「スポーツ立国」ニッポン』2007年。
(11) スポーツビズ「スポーツビズ社企業説明資料」2014年。
(12) IMG「IMG企業説明パンフレット」2014年。

（小笠原悦子・伊藤真紀）

第9章 スポーツ組織のマネジメント

1．国際競技連盟の組織

1 国際競技連盟組織

スポーツ組織のマネジメントは、組織の使命や事業目的を効率よく達成させるために、組織をコントロールしていく活動である。世界には、さまざまなスポーツ種目の競技連盟の組織が存在している。ここでは、まずそれら競技連盟組織を統轄する組織として代表的な国際オリンピック委員会（ＩＯＣ：International Olympic Committee）を中心とした国際競技連盟組織について紹介する。

国際オリンピック委員会は、五つの地域オリンピック委員会を統括する国内オリンピック委員会連合（ＡＮＯＣ：Association of National Olympic Committees）から成っている（表10）。すなわち、アフリカ大陸を統括する「アフリカNOC連合（ANOCA：Association of National Olympic Committees of Africa）」、アメリカ大陸を統括する「パンアメリカン・スポーツ機構（PASO：Pan American Sports Organization）」、アジア大陸を統括する「アジア・オリンピック評議会（OCA：Olympic Council of Asia）」、ヨーロッパ大陸を統括する「ヨーロッパNOC連合（EOC：European Olympic Committees）」、オセアニア大陸を統括する「オセアニアNOC連合（ONOC：Oceania National Olympic Committees）」である。これら地域オリンピック委員会には、204の国や地域別の国内オリンピック委員会（NOC：National Olympic Committees）が加盟している。

4年に一度開催される夏季オリンピック大会と冬季オリンピック大会では、その開催都市にオリンピック大会組織委員会（OCOG：Organizing Committee for the Olympic Games）が組織される。またオリンピック大会に採用されている競技ごとに、国際競技連盟（IF：International Federations）が存在し、夏季オリンピック大会で28競技、冬季オリンピック大会で7競技の合計35競技の国

表10　国際オリンピック委員会の組織

組織名	本部事務局
国際オリンピック委員会（IOC）	スイス
〈地域オリンピック委員会〉（ANOC）	フランス
アフリカNOC連合（ANOCA）	ナイジェリア
パンアメリカン・スポーツ機構（PASO）	メキシコ
アジア・オリンピック評議会（OCA）	クウェート
ヨーロッパNOC連合（EOC）	イタリア
オセアニアNOC連合（ONOC）	グアム

際競技連盟がある（表11）。さらに、オリンピック競技以外にも国際オリンピック委員会が公認する競技連盟組織として、ＩＯＣ公認国際競技連合（ＡＲＩＳＦ：Association of IOC Recognised International Sports Federations）に35競技が加盟している（表12）。

世界には、さまざまなスポーツ競技が存在しており、世界的な統括組織に加盟・承認されることによって組織化されることで、その競技の世界規模の発展・普及活動が支援・推進されている。

スポーツアコード（Sport Accord）は、ＩＯＣが承認する世界最大のスポーツ組織であり、１９６７年に設立された。２０１４年現在、１０９の国際組織が加盟している（表13）。スポーツアコードには、国際スポーツ競技連盟だけでなく、障がい者スポーツの国際大会である国際パラリンピック委員会や、オリンピックに含まれない競技種目に特化した国際スポーツ競技大会である「ワールドゲームズ」を主催する国際ワールドゲームズ委員会などの国際競技大会の主催者組織も含まれる。

2 国際競技連盟組織の財務状況（ＩＯＣとＦＩＦＡの事例）

国際競技連盟の各組織は、どのようにして収入を得ているのであろうか。ここでは、世界規模のスポーツイベントであるオリンピック大会とＦＩＦＡワールドカップ大会を主催する、国際オリンピック委員会と国際サッカー連盟の財務状況を紹介する。

図23は、国際オリンピック委員会における'09～'12年期間のオリンピック関連で得た収入について

表11　オリンピック国際競技連盟

【夏季オリンピック】

国際陸上競技連盟	IAAF: International Association of Athletics Federations
国際ボート連盟	FISA: Fédération Internationale des Socoétés d'Aviron (International Federation of Rowing Associations)
世界バドミントン連盟	BWF: Badminton World Federation
国際バスケットボール連盟	FIBA: Fédération Internationale de Basketball
国際アマチュアボクシング協会	AIBA: Association Internationale de Boxe Amateur (International Boxing Association)
国際カヌー連盟	ICF: International Canoe Federation
国際自転車競技連合	UCI: Union Cycliste Internationale
国際馬術連盟	FEI: Fédération Equestre Internationale
国際フェンシング連盟	FIE: Fédération Internationale d'Escrime
国際サッカー連盟	FIFA: Fédération Internationale de Football Association
国際体操連盟	FIG: Fédération Internationale de Gymnastique
国際ウエイトリフティング連盟	IWF: International Weightlifting Federation
国際ハンドボール連盟	IHF: International Handball Federation
国際ホッケー連盟	FIH: Fédération Internationale de Hockey (International Hockey Federation)
国際柔道連盟	IJF: International Judo Federation
世界レスリング連合	UWW: United World Wrestling
国際水泳連盟	FINA: Fédération Internationale de Natation Amateur
国際近代五種連合	UIPM: Union Internationale de Pentathlon Moderne
世界テコンドー連盟	WTF: The World Teakwondo Federation
国際テニス連盟	ITF: International Tennis Federation
国際卓球連盟	ITTF: International Table Tennis Federation
国際射撃連盟	ISSF: International Shooting Sport Federation
世界アーチェリー連盟	WA: World Archery Federation
国際トライアスロン連合	ITU: International Triathlon Union
国際セーリング連盟	ISAF: International Sailing Federation
国際バレーボール連盟	FIVB: Fédération Internationale de Volleyball
ワールドラグビー	WR: World Rugby
国際ゴルフ連盟	IGF: International Golf Federation

【冬季オリンピック】

国際バイアスロン連合	IBU: International Biathlon Union
国際ボブスレー・トボガニング連盟	FIBT: Fédération Internationale de Bobsleigh et de Tobogganing
世界カーリング連盟	WCF: World Curling Federation
国際アイスホッケー連盟	IIHF: International Ice Hockey Federation
国際リュージュ連盟	FIL: Fédération Internationale de Luge de Course
国際スケート連盟	ISU: International Skating Union
国際スキー連盟	FIS: Fédération Internationale de Ski

表 12　IOC公認国際競技連合

国際航空連盟	FAI: Fédération Aéronautique Internationale
国際アメリカンフットボール連盟	IFAF:International Federation of American Football
国際自動車連盟	FIA:Fédération Internationale de l'Automobile
世界野球ソフトボール連盟	WBSC:World Baseball Softball Confederation
国際バンディ連盟	FIB: Federation of International Bandy
国際ペロタ・バスカ連盟	FIPV:Federación Internacional de Pelota Vasca
世界ビリヤード連合	WCBS: World Confederation of Billiards Sports
世界ブールスポーツ連合	CMSB: Confédération Mondiale des Sports de Boules
国際ボウリング連盟	FIQ: Fédération Internationale des Quilleurs
世界ブリッジ連合	WBF: World Bridge Federation
国際チェス連盟	FIDE: Fédération Internationale des Échecs
国際山岳連盟	UIAA:International Climbing and Mountaineering Federation (Union Internationale des Associations d'Alpinisme)
国際クリケット評議会	ICC:International Cricket Council
世界ダンススポーツ連盟	WDSF:World DanceSport Federation
国際フロアボール連盟	IFF:International Floorball Federation
世界フライングディスク連盟	WFDF:World Flying Disc Federation
世界空手道連盟	WKF: World Karate Federation
国際コーフボール連盟	IKF: International Korfball Federation
国際ライフセービング連盟	ILS: International Life Saving Federation
国際モーターサイクリズム連盟	FIM: Fédération Internationale de Motocyclisme
国際ネットボール連盟	INF:International Netball Federation
国際オリエンテーリング連盟	IOF: International Orienteering Federation
国際ポロ連盟	FIP: Fédération Internationale de Polo
国際モーターボート連盟	UIM: Union Internationale Motonautique
国際ラケットボール連盟	IRF: International Racquetball Federation
国際ローラースポーツ連盟	FIRS: Fédération Internationale de Roller Sports
国際山岳スキー連盟	ISMF:International Ski Mountaineering Federation
国際スポーツクライミング連盟	IFSC:International Federation of Sport Climbing
世界スカッシュ連盟	WSF: World Squash Federation
国際相撲連盟	IFS: International Sumo Federation
国際サーフィン連盟	ISA: International Surfing Association
国際綱引連盟	TWIF: Tug of War International Federation
世界水中連盟	CMAS: Confédération Mondiale des Activités Subaquatiques
国際水上スキー＆ウェイクボード連盟	IWWF:International Waterski & Wakeboard Federation
国際武術連盟	IWUF: International Wushu Federation

表 13　スポーツアコードの加盟団体

＜国際スポーツ競技連盟＞	
国際合気道連盟	IAF:International Aikido Federation
国際ボディービルダーズ連盟	IFBB:International Federation of Bodybuilding and Fitness
国際キャスティングスポーツ連盟	ICSF:International Casting Sport Federation
国際チアリーディング連盟	ICU:International Federation of Cheerleading
世界ダーツ連盟	WDF:World Darts Federation
国際ドラゴンボート連盟	IDBF:International Dragon Boat Federation
世界ドラフツ連盟	FMJD:Federation Mondiale du Jeu de Dames
国際ファウストボール協会	IFA:International Fistball Association
国際囲碁連盟	IGF:International of Go Federation
国際アイスストックスポーツ連盟	IFI:International Federation Icestocksport
国際柔術連盟	JJIF:Ju-Jitsu International Federation
国際剣道連盟	FIK:International Kendo Federation
世界キックボクシング団体協会	WAKO:World Association of Kickboxing Organizations
国際ラクロス連盟	FIL:Federation of International Lacrosse
世界ミニゴルフスポーツ連盟	WMF:World Minigolf Sport Federation
国際アマチュアムエタイ連盟	IFMA:International Federation of Muaythai Amateur
国際パワーリフティング連盟	IPF:International Powerlifting Federation
国際サンボ連盟	FIAS:Federation International of Amateur Sambo
国際サバット連盟	FISav:Federation Internationale de Savate
国際セパタクロー連盟	ISTAF:International Sepaktakraw Federation
国際犬ぞり連盟	IFSS:International Federation of Sleddog Sports
国際ソフトテニス連盟	ISTF:International Soft Tennis Federation
国際スポーツフィッシング連合	CIPS:Confederation Internationale de la Peche Sportive
＜国際総合競技大会主催者＞	
コモンウェルスゲームズ連盟	CGF:Commonwealth Games Federation
欧州放送連合	EBU／UER:European Broadcasting Union
国際マスターズゲームズ協会	IMGA:International Masters Games Association
国際地中海競技大会委員会	CIJM／ICMG:International Committee of Mediterranean Games
国際軍人スポーツ評議会	CISM:Conseil International du Sport Militaire
国際マインドスポーツ協会	IMSA:International Mind Sports Association
パナスロン・インターナショナル	PI:Panathlon International
国際パラリンピック委員会	IPC:International Paralympic Committee
国際学校スポーツ連盟	ISF:International School Sport Federation
スペシャルオリンピックス国際本部	SOI:Special Olympics, Inc.
国際スポーツカイロプラクティック連盟	FICS:Federation Internationale de Chiropratique du Sport
国際スポーツ・レジャー施設協会	IAKS:International Association for Sports and Leisure Facilities
国際ろう者スポーツ委員会	CISS:International Committee of Sports for the Deaf
国際スポーツ医学連盟	FIMS:International Federation of Sports Medicine
国際ワールドゲームズ協会	IWGA:International World Games Association
国際大学スポーツ連盟	FISU:Federation Internationale du Sport Universitaire
国際労働者スポーツ連合	CSIT:Confederation Sportive Internationale Travailliste et Amateur

※表 11，表 12 に既出の組織は除く

示したものである。この期間に開催されたオリンピック大会は、2010年バンクーバー冬季オリンピック大会と2012年ロンドン夏季オリンピック大会である。'09～'12年の期間に得たオリンピック関連の収入は、総額で80億4600万米ドルであった。オリンピック関連収入の内訳は、テレビ放送権料が最も多く47・8%を占めており、以下スポンサーシップ収入（34・7%）、チケット販売収入（15・4%）、ライセンス収入（2・1%）となっていた。

図24は、過去4年期間別のオリンピック関連収入の推移を示したものである。これによると、1993年から2012年の約20年で、IOCの収入が約3倍に増加していることがわかる。

オリンピック関連で得た収入は、その90%を各国オリンピック委員会や国際競技連盟、オリンピック組織委員会へ分配し、国際オリンピック委員会の分配比率は10%となっていた（図25）。各国オリンピック委員会に対する配分額の推移は、'89～'92年の期間で、8660万米ドルであったが、'09～'12年の期間には、8億1900万米ドルと9倍以上に増加した。同様に、各国際競技連盟に対する配分額も大幅に増加していた。1992年のバルセロナ夏季オリンピック大会における各国際競技連盟に対する配分額は、3760万米ドルであったのが、2012年ロンドン夏季オリンピック大会には、5億1900万米ドルと13倍以上増加した。また、1992年のアルベールビル冬季大会における各国際競技連盟への配分額は、1700万米ドルであったが、2010年バンクーバー冬季オリンピック大会には、2億900万米ドルと12倍以上増加していた。オリンピック関連で得た収入が増大すれば、各国オリンピック委員会や国際競技連盟への配分金も増加して恩恵を享受できることがうかがえる。

図27は、国際サッカー連盟が２０１３年に得た収入の内訳を示している。これによると、２０１３年の収入は、13億８６００万米ドルであり、そのうち、88％がイベント関連収入であった。図28は、このイベント関連収入の内訳について示したものである。これによると、テレビ放送権料の占める割合が最も高くなっており、51・6％であった（6億３０００万米ドル）。このテレビ放送

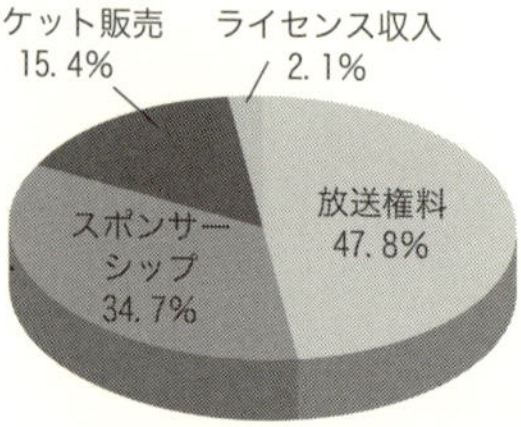

図 23　2009 ～ 2012 年のIOCオリンピック関連の収入

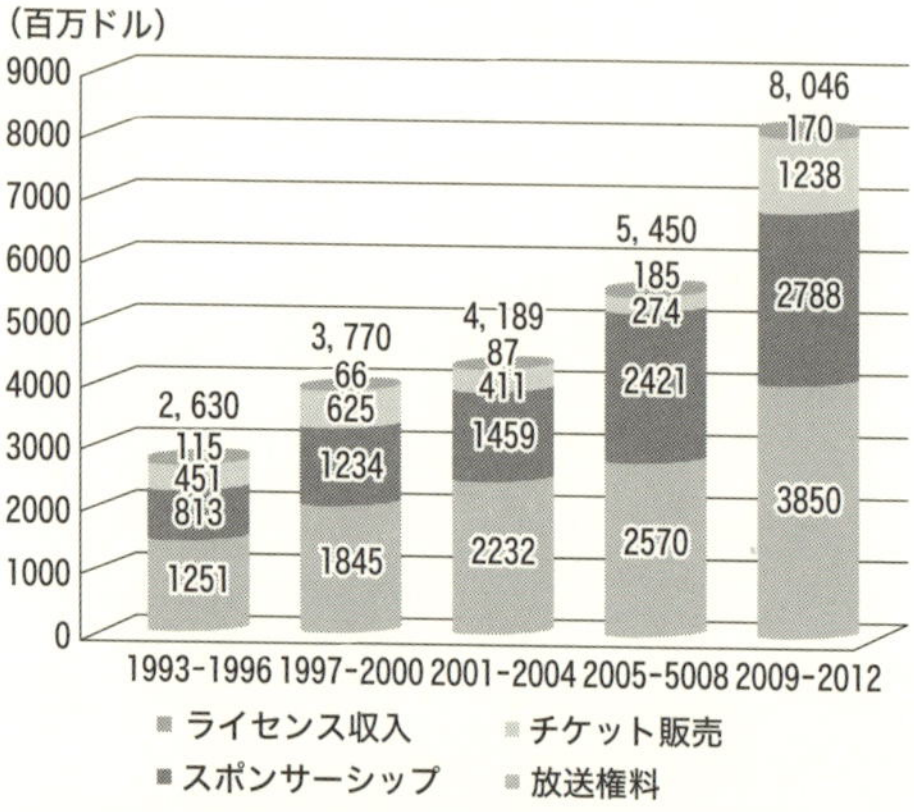

図 24　過去の期間（4 年毎）におけるオリンピック関連収入（内訳）の推移

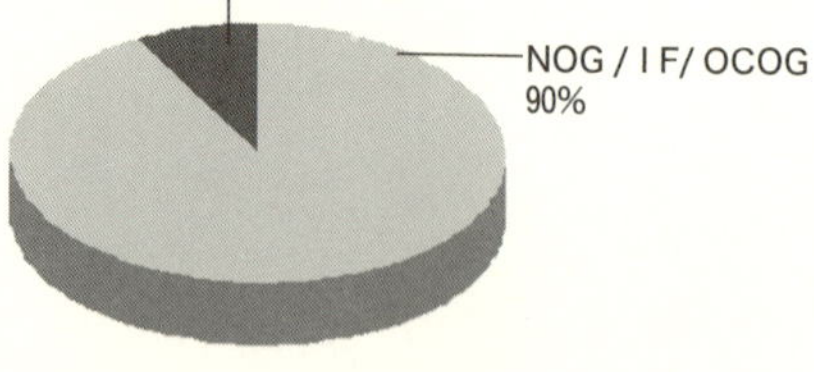

図 25 IOCオリンピック関連収入の分配比率

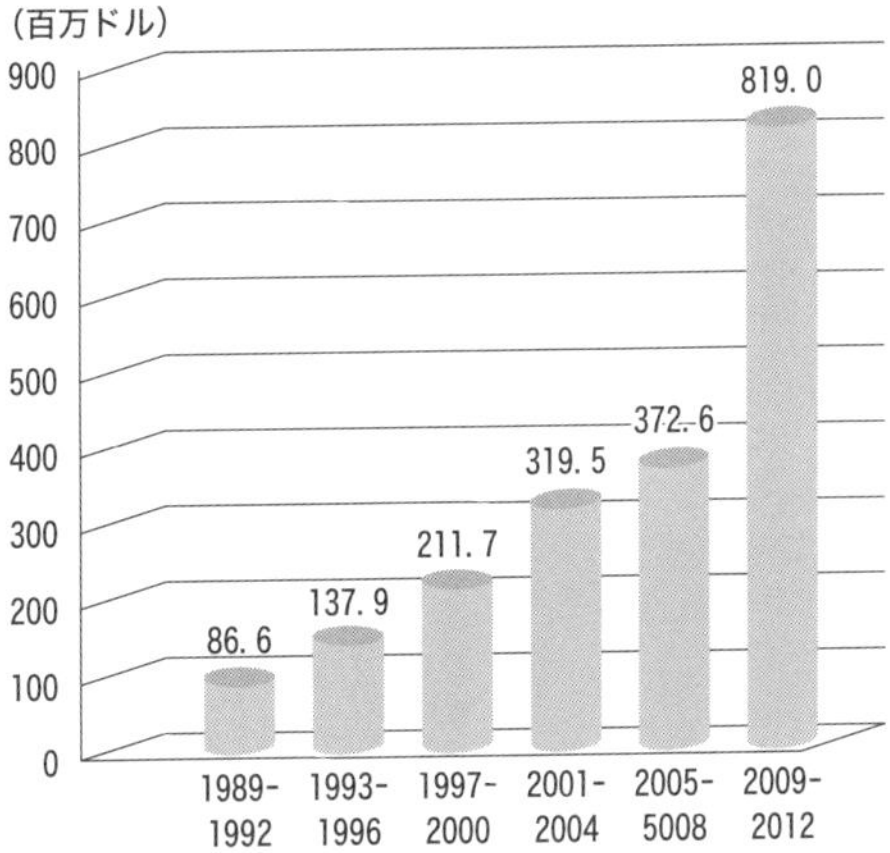

図 26　国内オリンピック委員会に対する助成額の推移

権料のうち、6億1000万米ドルが2014年FIFAワールドカップブラジル大会で得たものである。テレビ放送権料に次いで高い割合を示したのは、マーケティング権（FIFA公式エンブレムの使用料など）であった（33・9％）。以下、VIPを接待するためのホスピタリティ権（3・9％）、FIFAの名称使用料などのライセンス収入（2・1％）、チケット販売などを含むその他の収入となっていた（8・5％）。IOCのオリンピック関連の収入と同様に、テレビ放送権料が収入に占める比率が高い傾向にある。

図29は、2013年に、国際サッカー連盟が支出した額の内訳について示したものである。これによると、支出総額13億1400万米ドルに占めるイベント事業関連支出の割合が58％、普及・振興関連の支出が14％、運営費支出が16％、財務的支出が6％、その他支出が6％となっていた。イベント事業関連支出と普及・振興関連支出を合計した事業費の割合は、72％であった。

次にイベント事業関連支出（7億5700万米ドル）の内訳に着目してみると、2014年FI

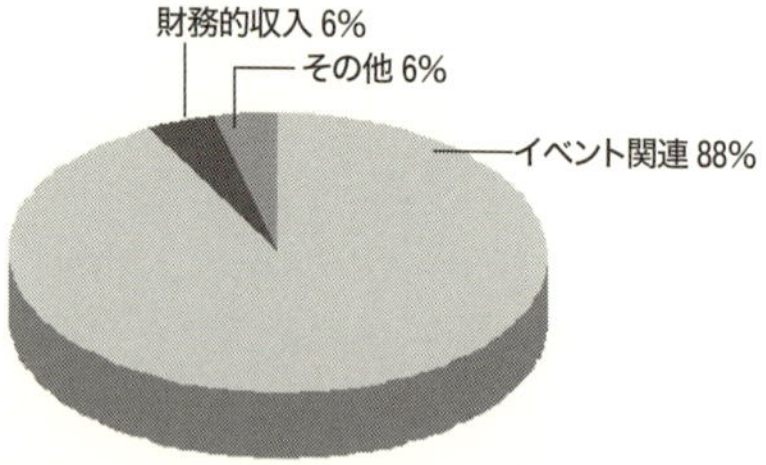

図 27　2013 年のFIFAの収入

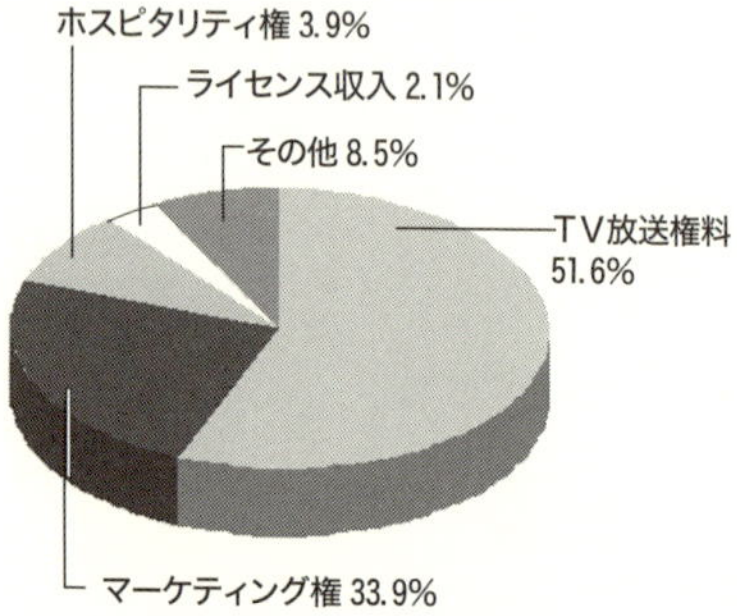

図 28　図 27 でのイベント関連収入の内訳

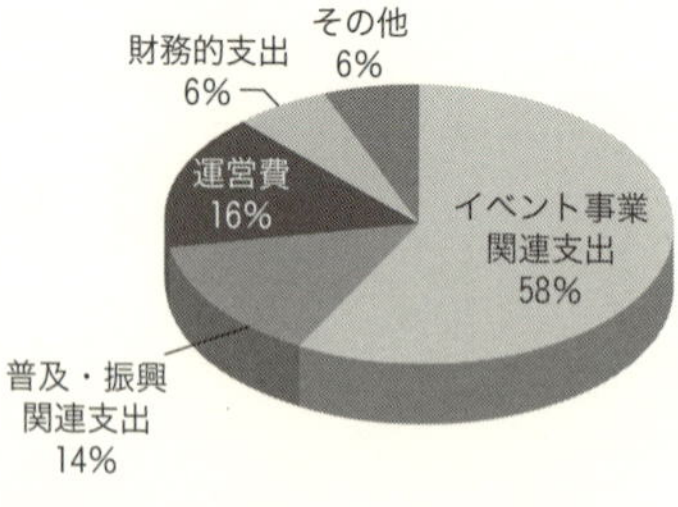

図 29　2013 年のFIFAの支出

ＦＡワールドカップブラジル大会関連支出が最も多く、５億６０００万米ドルとなっており、74％を占めていた。また、普及・振興関連支出（１億８３００万米ドル）の内訳では、各地域の連盟や協会に対する財政的支援プログラムの割合が高く、37・７％となっており、６９００万米ドルとなっていた。

3 国際競技連盟の組織が果たす役割

国際オリンピック委員会や国際サッカー連盟のような世界規模の組織は各国内オリンピック委員会や各国競技連盟を統括している。これらの国際競技連盟は、①そのスポーツ競技種目の普及・振興、②スポーツ競技種目の競技レベルの向上、③安定的な収入を確保した組織運営といった共通の役割を担っている。国際競技連盟の多くは、これら三つの役割を果たすために、次のような活動を行っている。

- 各地域レベルの組織を統轄
- 国際レベルのスポーツイベントの開催
- 放送権料やスポンサー料の交渉・決定
- 下部組織（地域レベル・国レベル）の統括
- 審判員の育成（資格認定）
- 普及・啓蒙活動の推進
- 調査研究
- 統一ルールの審議・制定
- マーチャンダイジング
- 収益の分配
- 情報提供
- 指導者の育成（資格認定）
- アンチドーピングの推進

2．国内スポーツ統括団体の組織運営

❶国内スポーツ統括団体

わが国における主なスポーツ統括団体には、公益財団法人日本オリンピック委員会（ＪＯＣ：Japan Olympic Committee）、公益財団法人日本体育協会、公益財団法人日本プロスポーツ協会、一般社団法人日本トップリーグ連携機構などがあり、文部科学省が管轄している。

日本オリンピック委員会は、国内オリンピック委員会（ＮＯＣ）として、国際競技力の向上やオリンピック大会のような国際競技大会への選手派遣事業、オリンピックの理念に基づいたオリンピズムの普及・啓発活動を行っており、表14から表17には、加盟・準加盟・承認団体（国内競技連盟NF: National Federations）を示した。

表 14　JOC・日本体育協会に加盟している団体

(公財) 日本陸上競技連盟	(公財) 日本水泳連盟
(公財) 日本サッカー協会	(公財) 全日本スキー連盟
(公財) 日本テニス協会	(公社) 日本ボート協会
(公社) 日本ホッケー協会	(一社) 日本ボクシング連盟
(公財) 日本バレーボール協会	(公財) 日本体操協会
(公財) 日本バスケットボール協会	(公財) 日本スケート連盟
(公財) 日本レスリング協会	(公財) 日本セーリング連盟
(一社) 日本ウエイトリフティング協会	(公財) 日本ハンドボール協会
(公財) 日本自転車競技連盟	(公財) 日本ソフトテニス連盟
(公財) 日本卓球協会	(公財) 全日本軟式野球連盟
(公財) 日本相撲連盟	(公社) 日本馬術連盟
(公社) 日本フェンシング協会	(公財) 全日本柔道連盟
(公財) 日本ソフトボール協会	(公財) 日本バドミントン協会
(公財) 全日本弓道連盟	(公社) 日本ライフル射撃協会
(一財) 全日本剣道連盟	(公社) 日本近代五種協会
(公財) 日本ラグビーフットボール協会	(一社) 日本バイアスロン連盟
(公社) 日本カヌー連盟	(公社) 日本山岳協会
(公財) 全日本空手道連盟	(公社) 全日本アーチェリー連盟
(公社) 全日本銃剣道連盟	(公財) 日本アイスホッケー連盟
(公財) 全日本なぎなた連盟	(一社) 日本クレー射撃協会
(一社) 日本ボブスレー・リュージュ・スケルトン連盟	(公財) 全日本ボウリング協会
	(公社) 日本武術太極拳連盟
(公社) 日本カーリング協会	(公社) 日本トライアスロン連合
(公財) 日本ゴルフ協会	(公社) 日本ダンススポーツ連盟

表 15　JOC準加盟団体

(一社) 日本カバディ協会
(特非) 日本クリケット協会
(公社) 日本チアリーディング協会
(一社) 日本セパタクロー協会
(公社) 日本アメリカンフットボール協会

表 17　JOC承認団体

(公社) 日本オリエンテーリング協会
(公社) 日本ペタンク・ブール連盟
(公社) 日本パワーリフティング協会
(一社) 日本フライングディスク協会

表 16　JOC加盟団体

(一社) 全日本テコンドー協会
(一社) 全日本野球協会
(特非) 日本スポーツ芸術協会
(公社) 日本スカッシュ協会
(公社) 日本ビリヤード協会
(公社) 日本ボディビル・フィットネス連盟

日本オリンピック委員会の２０１４年度事業計画を参考にした主な活動内容は、以下の通りである。

１・国際総合競技大会への選手団の派遣事業
２・選手強化事業
（強化合宿、コーチ力強化、ジュニア対策、将来性のある選手の発掘・育成、スポーツ国際交流事業、調査研究事業、アンチドーピング活動の推進、スポーツ指導者の海外研修、スポーツ教室・大会、スポーツ指導者の養成・活用、スポーツ情報の提供、ナショナルトレーニングセンターの管理・運営）
３・オリンピックムーブメントの推進事業
（オリンピックデー記念事業、スポーツ教室・大会の開催、スポーツ情報の提供、スポーツ環境保全活動、事業広報活動、震災復興プロジェクト）
４・マーケティング事業
５・国際総合競技大会の招致・開催
６・国際関係事業
７・ＪＯＣ関連各賞の顕彰

日本体育協会は、わが国におけるスポーツ推進事業を企画・立案し、加盟団体や関係機関と連携を図りつつ、スポーツ指導者の育成、国民スポーツ推進ＰＲ事業、スポーツ国際交流、スポーツ医科学研究調査などの事業活動を行っている。日本体育協会には、日本体育協会加盟団体（表14、表18）、日本体育協会関係スポーツ団体（表19）、日本体育協会準加盟団体（表20）の他、47都道府県体育協会と都道府県競技団体、市区町村体育協会があり、市町村レベルのスポーツ振興の推進を担っている。日本体育協会の事業計画によると、国民スポーツの普及・振興に関する事業として以下のような活動を実施している。

1・国民体育大会等開催事業（国民体育大会開催、日本スポーツマスターズ大会開催）
2・スポーツ指導者・組織育成事業（スポーツ指導者養成、スポーツ指導者活動推進事業、青少年スポーツ指導者育成、全国スポーツ指導者連絡会議、総合型地域スポーツクラブ育成事業、「体育の日」中央記念事業の実施、スポーツ少年団組織整備強化、幼児版アクティブ・チャイルド・プログラム〈仮称〉の開発、免税募金交付、東日本大震災復興支援）
3・国民スポーツ推進PR事業
4・スポーツ顕彰事業
5・スポーツ国際交流事業
6・青少年スポーツ育成事業
7・スポーツ医・科学研究調査事業
8・スポーツ会館管理運営事業
9・マーケティング事業
10・出版物等販売事業
11・関連事業の推進（国際スポーツ・フォー・オール団体との協力事業、青少年関係団体との相互協力）

表 18　日本体育協会加盟団体

（公社）	日本綱引連盟
（公財）	日本ゲートボール連合
（公社）	日本パワーリフティング協会
（公社）	日本グラウンド・ゴルフ協会
（公社）	日本エアロビック連盟
（公財）	日本野球連盟
（一財）	少林寺拳法連盟
（公社）	日本オリエンテーリング協会
（一財）	日本バウンドテニス協会
（一財）	日本ドッジボール協会
（公社）	日本スポーツチャンバラ協会
（公社）	日本チアリーディング協会

表 19　日本体育協会関係スポーツ団体

（公財）	日本障がい者スポーツ協会
（特非）	日本スポーツ芸術協会
（公財）	全国高等学校体育連盟
（公財）	日本中学校体育連盟
（公社）	日本女子体育連盟

表 20　日本体育協会準加盟団体

（特非）	日本ローラースポーツ連盟
（公社）	日本アメリカンフットボール協会
（公社）	日本ダンススポーツ連盟

一般社団法人日本トップリーグ連携機構は、団体ボール競技の競技力向上と運営の活性化のために、加盟するリーグが協力・連携した活動を行っている。表21は、日本トップリーグ連携機構に参加する競技団体と参加リーグを示したものである。日本トップリーグ連携機構の活動内容は、以下の通りである。

1・国際競技力向上
2・リーグ活性化
（集客、広報活動、研修会の開催）

3．総合型地域スポーツクラブ支援
4．選手キャリア支援の促進
5．スポーツ振興くじ（toto）販売への協力

公益財団法人日本プロスポーツ協会は、「プロスポーツの水準の向上と発展を図ることにより、国民の余暇活動の充実に資するとともに、プロスポーツ選手の社会的地位向上を図り、並びに国民のスポーツへの関心を高め、もって我が国のスポーツの発展に寄与する」ことを目的に設立された。表22は、日本プロスポーツ協会に加盟する団体を示したものである。以下は、日本プロスポーツ協会の主な活動内容を示したものである。

1．日本プロスポーツ大賞の顕彰
2．プロスポーツ年鑑の発行

表21　日本トップリーグ連携機構参加競技団体とリーグ

競技団体	参加リーグ
（公財）日本サッカー協会	（一社）日本女子サッカーリーグ（なでしこリーグ） （一社）日本フットサル連盟日本フットサルリーグ（Ｆリーグ） （一社）日本フットボールリーグ（ＪＦＬ）
（公財）日本バレーボール協会	（一社）日本バレーボール機構（Ｖリーグ）
（公財）日本バスケットボール協会	（一社）日本バスケットボールリーグ（ＮＢＬ・ＮＢＤＬ） （一社）バスケットボール女子日本リーグ機構（ＷＪＢＬ）
（公財）日本ハンドボール協会	日本ハンドボールリーグ機構（ＪＨＬ）
（公財）日本ラグビーフットボール協会	ジャパンラグビートップリーグ
（公財）日本アイスホッケー連盟	アジアリーグアイスホッケー実行委員会
（公財）日本ホッケー協会	ホッケー日本リーグ機構
（公財）日本ソフトボール協会	日本女子ソフトボールリーグ機構
（一社）日本社会人アメリカンフットボール協会	（一社）日本社会人アメリカンフットボールリーグ（Ｘリーグ）

表 22　日本プロスポーツ協会加盟団体

（公財）日本相撲協会
（一社）日本野球機構
（公社）日本プロゴルフ協会
（一社）日本女子プロゴルフ協会
（公社）日本プロサッカーリーグ
日本プロボクシング協会
（公社）日本プロボウリング協会
（公社）日本ダンス議会
（株）日本レースプロモーション
新日本キックボクシング協会
日本中央競馬会
地方競馬全国協会
（公財）ＪＫＡ（競輪）
（公財）ＪＫＡ（オートレース）
（一財）日本モーターボート競走会

2 国内スポーツ統括団体の財務状況（ＪＯＣと日本体育協会の事例）

図30は、国内スポーツ統括団体である日本オリンピック委員会の２０１３年度における収入の内訳を示したものである。２０１３年度の収入総額は、76億８２３７万円であった。その内訳は、受取補助金が43・２％（33億１９３３万円）と最も高く、次いで事業収益が37・５％（28億８４２４万円）となっており、この２つで収入の８割を占めていた。

図31は、日本オリンピック委員会の２０１３年度支出の内訳を示したものである。支出の総額は、83億２７４２万円となっており、66・８％（55億６３６９万円）が選手強化事業、15・６％（13億３１２万円）が国際大会派遣への支出であった。

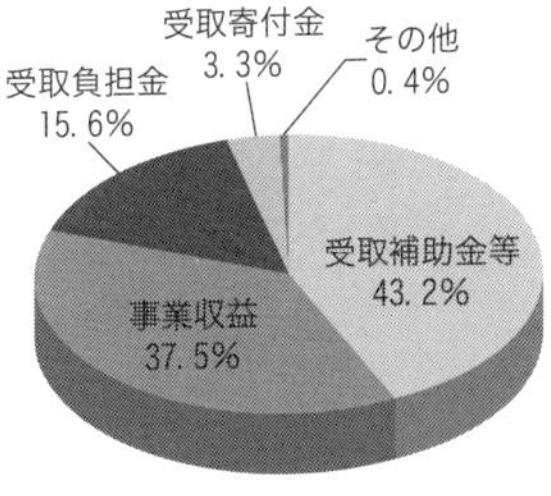

図30　2013年度における
JOCの収入

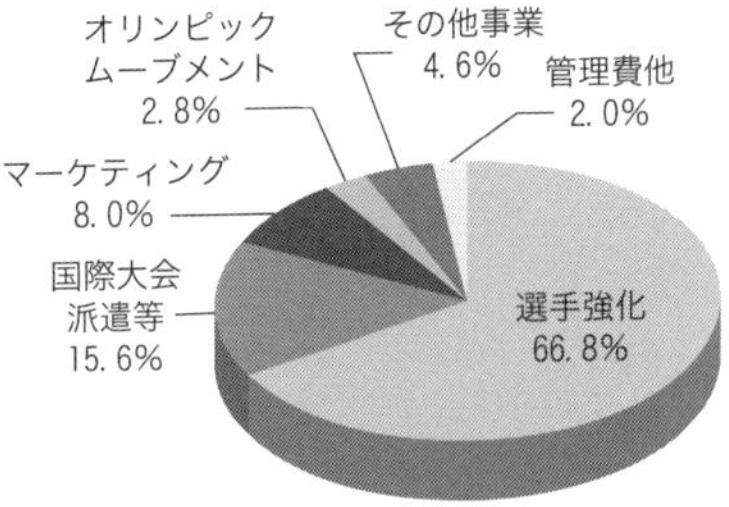

図31　2013年度における
JOCの支出

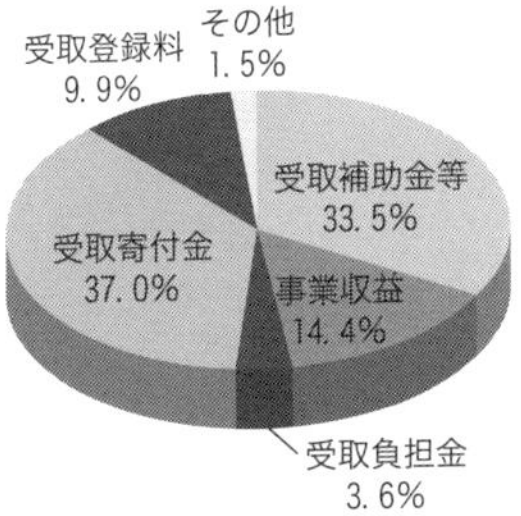

図32　2013年度における
日本体育協会の収入

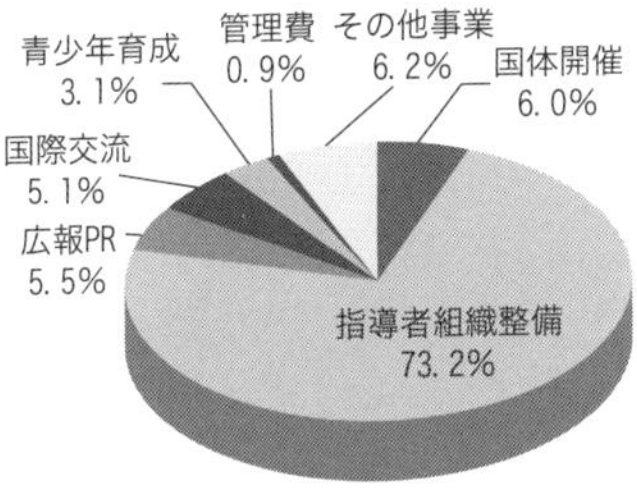

図33　2013年度における
日本体育協会の支出

図32は、日本体育協会の2013年度収入の内訳を示したものである。2013年度の収入総額は、75億2845万円であった。その内訳は、受取寄付金が37％（27億8709万円）と最も高く、次いで受取補助金（25億2390万円）が33・5％となっており、この2つで収入の7割を占めていた。

受取寄付金のうち、62％（17億2740万円）が一般寄付金、37・8％（10億5406万円）が財界募金によるものであった。受取補助金は、スポーツ振興くじ（toto）の助成金が77・7％（19億6145万円）を占めていた。

図33は、日本体育協会の2013

年度支出の内訳について示したものである。支出の総額は、75億5985万円となっており、73・2％（55億3266万円）がスポーツ指導者・組織育成事業であった。スポーツ指導者・組織育成事業の主な内訳は、支払寄付金が48・3％（26億7085万円）、32％（17億7149万円）が支払助成金への支出となっており、これらで8割を占めていた。

3 国内スポーツ統括団体の役割

国内スポーツ統括団体が推進する事業内容や決算報告書を概観すると、各統括団体の特色や果たしている役割が見えてくる。たとえば、日本オリンピック委員会は、支出の66・8％が選手強化事業に充当され「国際競技力の向上」という役割を担っていることがうかがえる。また、日本体育協会では、支出の73・2％がスポーツ指導者・組織育成事業に充当されており、国内におけるスポーツ振興策推進のための基盤整備や指導者等の育成としての役割が見えてくる。これら国内スポーツ統括団体の果たす役割は、以下のようにまとめられる。

- 海外競技大会への選手団の派遣
- 国際競技大会の誘致
- マーケティング事業（スポンサー、マーチャンダイジング等）
- 審判の育成事業（講習会、資格認定等）
- 国際交流事業
- 広報活動
- 出版事業

- 普及・啓蒙活動
- 国内大会の開催
- スポーツ環境の基盤整備の推進（総合型地域スポーツクラブ、スポーツ少年団等）
- 補助金の分配
- 指導者の育成事業（講習会、資格認定等）
- 指導者の派遣事業
- 選手強化事業
- 選手のセカンドキャリア支援
- 顕彰
- 地方組織・競技団体の統轄
- 調査・研究事業
- スポーツ関連情報の提供
- 他の機関・組織との連携

3・組織発展に向けたマネジメント

1 財政基盤の確立・強化

組織が安定的な発展を続けるためには、財政基盤の確立・強化が不可欠である。国際競技連盟組織の収支構造を概観すると、世界規模の競技大会が収益事業として重要な位置づけとなっている。オリンピック大会やFIFAワールドカップ大会の収入の多くは、テレビ放送権料に依存している。インターネット時代の高度情報化社会におけるテレビ放送のあり方や消費者の視聴スタイルの変化、あるいは高騰する放送権料に対する批判などは、今後継続して安定的な収入を放送権料から得られることを保証するものではない。また、高額な放送権料収入が見込めるスポーツイベントは、極めて限定的であることから、スポーツ競技種目によっては、放送権料収入をあまり期待できない現状がある。

そこで、テレビ放送権料収入以外の収入源となると、企業からのスポンサーシップ収入、大会ロゴ等の使用によるライセンス収入、あるいは入場料収入と飲食物販関連の収入などが考えられる。これらの収入を増大させるためには、スポンサー企業に対して、費用対効果としてのスポーツイベントの価値やスポーツ競技そのものの魅力を向上させる必要がある。これらの価値や魅力を向上させることが安定的な収入源の確保となり、組織発展に向けた財政基盤の確立につながる。

国内スポーツ統括団体の主要な収入源は、事業収入や補助金、寄付金である。スポーツ振興くじ（toto）の収益が増大傾向にあるとはいえ、安定的な収入源として安心できないのが現状である。2020年のオリンピック東京大会の開催が決まり、国際競技力向上やスポーツ振興の社会的な意義や価値をこれまで以上に国民やスポンサー企業に理解・認識してもらうことが重要となってくる。各競技団体においては、東京でのオリンピックの開催が追い風となり、自立した財政基盤の確立と強化を図るきっかけにすべきである。

2 マネジメント能力を持った人材の育成

スポーツ組織の発展や財政基盤の確立には、マネジメント能力を持った人材の育成が不可欠である。ここでのマネジメント能力とは、組織経営におけるリーダーシップや業務遂行力、円滑な人間関係の構築のことである。また、近年スポーツ界においてさまざまな不祥事が続く中、組織の経営を監視・統制するガバナンスやコンプライアンス（法令遵守）の重要性が高まっている。

マネジメント能力を持った人材の育成は、スポーツマネジメント関連のカリキュラムを有する大学や大学院、あるいはJリーグのゼネラルマネージャー講座のような統括団体が主催する講座、民間団体のスポーツマネジメント講座、総合型地域スポーツクラブマネジャー養成講習会などで行われている。マネジメント能力を有する人材が、全てのスポーツ組織に配置されているのが理想であるが、組織の事業規模に比例するように競技団体によって差があるのが現状である。2020年オリンピック東京大会の開催は、スポーツ組織にとって企業からスポンサー収入を増大させる好機である。安定的な収入を確保する仕組みを確立する意味でも、スポーツ組織の自立した経営のためにも、マネジメント能力を有する人材の育成と配置は、急務の課題といえる。

4・経営力と競技力

1 経営力と競技力の関係性

経営力が高い組織は、競技力も高いといえる。その理由は、明確なヴィジョンや使命と具体的な事業目的を掲げて、それを効率的に達成するためには経営力が不可欠だからである。経営力が高い組織は、組織の財政基盤が安定しており、そのスポーツ競技種目の環境整備や普及・啓蒙活動、そして競技力強化のための各施策に対して適宜予算配分が可能である。そのことが、継続的な競技力の向上につながるといえる。組織の財政基盤が不安定な組織では、安定的な収入が得られず、スポーツ環境の整備や競技力向上に分配する予算そのものが乏しくなってしまう。

一方、競技力が高まり、メディアへの露出が増えることで話題となり、国民の関心が高まり、スポンサー企業のオファーが増えたり、観客が増加することによって、収入が増大することがある。このチャンスを有効に活かすためには経営力が必要であり、財政基盤を強化することで、収入増大と事業拡大を図ることができる。このことが、さらなる普及・啓蒙活動の推進と競技力向上という正の循環につながるといえる。

2 経営力×普及力×競技力

経営力と競技力では、経営力がより重要であると述べた。そしてさらに、もうひとつ重要な要素として、普及力があげられる。この普及力には、競技人口の増大による底辺拡大によって、有能な選手が育成される面と、その競技を応援するファンを拡大することで、収入増大につながるという面がある。このことから、普及力は競技力と経営力に影響を及ぼすと考えることができる。スポーツ組織のマネジメントでは、これら「経営力、普及力、競技力」の相乗効果を考慮しつつ、これら三つの要素をバランスよく拡大・強化させることが、その競技組織の発展にとって有効である。

【注】

表10～22は２０１４年10月現在のものです。

【参考文献】

・国際オリンピック委員会ホームページ（www.olympic.org）
・ＩＯＣ公認国際競技連合ホームページ（www.arisf.org）
・国際スポーツ団体総連合ホームページ（www.agfisonline.com）
・「OLYMPIC MARKETING FACT FILE 2014 EDITION」International Olympic Committee
・国際サッカー連盟ホームページ（www.fifa.com）
・「FIFA FINANCIAL REPORT 2013」FIFA, 2014.
・日本オリンピック委員会ホームページ（www.joc.or.jp）
・「平成25年度決算概要」日本オリンピック協会
・日本体育協会ホームページ（www.japan-sports.or.jp）
・「平成25年度事業・決算報告書」日本体育協会
・日本トップリーグ連携機構ホームページ（www.japantopleague.jp）
・日本プロスポーツ協会ホームページ（www.jpsa.jp）
・池田勝・守能信次編『スポーツの経営学』杏林書院、１９９９年。
・原田宗彦編『スポーツ産業論　第５版』杏林書院、２０１１年。

・平田竹男・中村好男編『トップスポーツビジネスの最前線』講談社ＢＩＺ、２００６年。

（原田尚幸）

第10章 スポーツファンのマネジメント —ファンビジネス成功の方程式—

1・背景——企業スポーツのパラダイムシフト

1993年にJリーグが発足して以来、トップスポーツ・リーグという枠組みの中で、経済的に自立したチームやクラブづくりの機運が高まってきた。90年代に起きた300近い企業チームの廃部や休部によって、トップリーグにおける企業所有型のチームと非企業型チームの割合は、80年代後半の9対1から6対4にまで接近してきた（図34参照）。その背景には、企業スポーツの退潮に呼応するような形で生まれた、地域密着型のクラブづくりへの気運の高まりがある。いわば、企業が100%選手やチームの面倒を見る企業スポーツから、地域に密着したチームや財政的に自立したクラブへの移行が目に見える形で進行しているのである。

景気の回復が見えた2004年ごろから、企業スポーツの退潮傾向は収まり、安定期に入ったよ

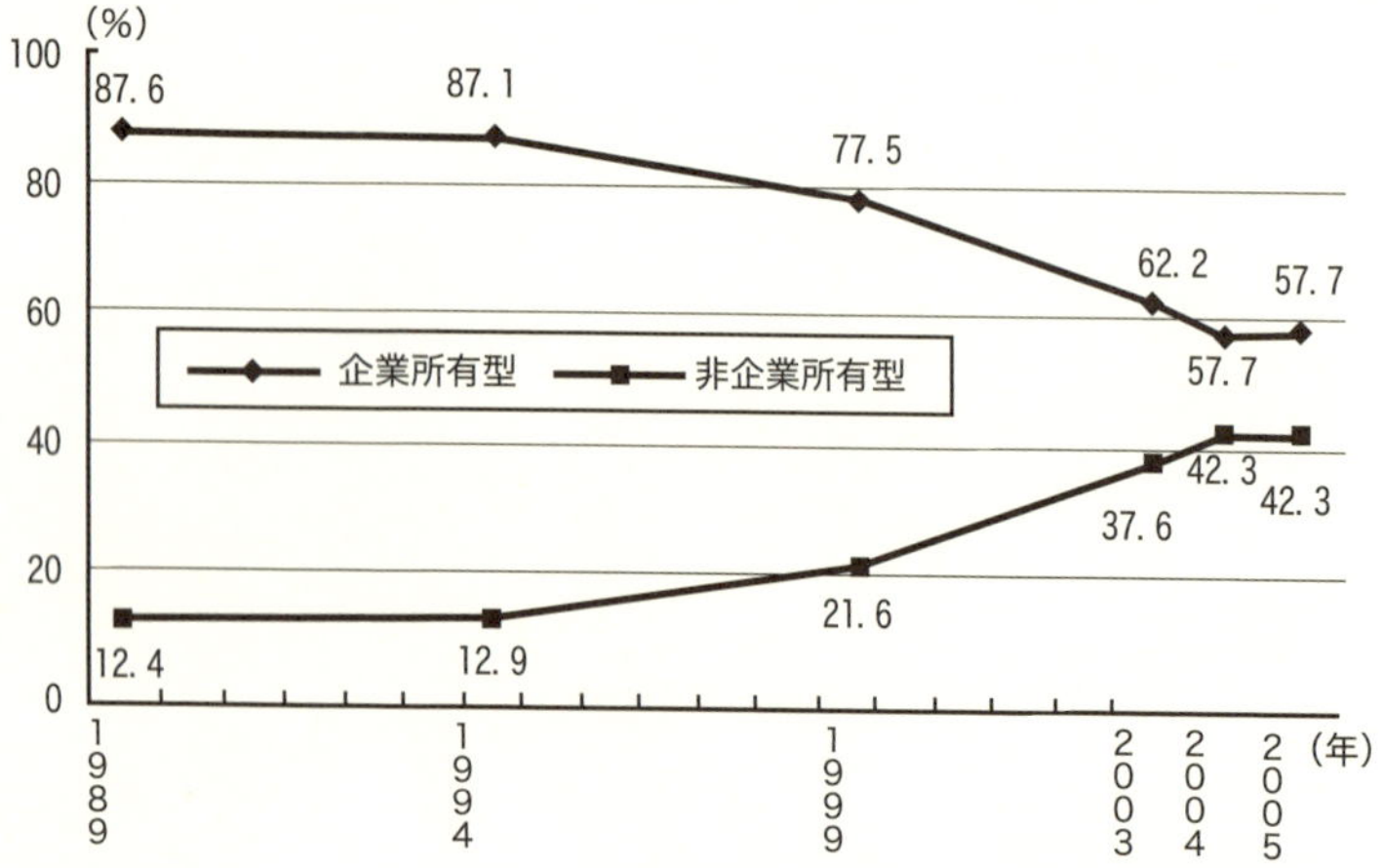

図34　トップリーグ所属チームの企業所有型と非企業所有型の割合の変化 (1)

うに見える。しかし企業が厳しいリストラや経営のスリム化によって業績を回復した後、お荷物的存在であった企業スポーツが、再び上昇に転じるとは考えにくい。その証拠に、2005年にはVリーグ女子において、入れ替え戦の直前に茂原アルカスが廃部され、翌2006年には、企業スポーツの理想とされたVリーグ男子の旭化成スパーキッズが廃部になるなど、親会社の業績に関係なく、不必要と判断されたチームが容赦なく廃部に追い込まれるという構図は変わっていない。

しかし注目すべきことは、企業スポーツが退潮したのは、企業が選手やチームを丸抱えする従来の方法が、組織の贅肉をそぎ落とし筋肉質の組織に転換しようとする企業の経営方針にそぐわなくなったというだけで、スポーツに対する企業のスポンサーシップ意欲が衰えたわけではない。むしろ企業とスポーツの関係は、スポーツスポンサーシップというマーケティングコミュニケーションの手段を通して、国内外で強まる傾向にあるといってよいだろう。そのひとつの例が富士フイルムである。同社は、1934年の創部以来、社技として支援してきた男子バレー部を2002年に廃部したが、その後も「2006FIFAワールドカップTMドイツ」のオフィシャルスポンサーになった他、2014年現在も、PGAシニアチャンピオンシップへの協賛や青木功プロへのスポンサー契約など、スポーツに対して積極的にスポンサー投資を続けている。

日本のスポーツ界も、企業スポーツの退潮を傍観しているだけではない。2005年には、九つのチームスポーツのリーグが集まって日本トップリーグ連携機構が設立された。現在は、合同審判研修会やボールゲームフェスタを開催する中で、リーグ全体のマネジメント能力の向上やGMの育成に力を注ぎ、企業スポーツチーム中心のリーグから、スポーツビジネスの時代に即したリーグへの脱皮を支援する活動を行っている。

このような動きは、リーグだけでなくチームやクラブでも起きている。実際、明日のJリーグ入りをめざすクラブや、bjリーグのエクスパンションに手を挙げるチームの数は多く、自治体や住民と一体になって、地域に根ざしたプロチームを立ち上げようという気運は全国的に高まっている。まさに新しい〈起業スポーツ〉の時代の到来を予感させる勢いである。

財政的に自立したチームやクラブとは、プロという舞台でカネのとれるパフォーマンスを披露し、ファンにチケットを売り、企業スポンサーを獲得し、その見返りとして満足と感動をベースとした経験価値を提供し、ファンのロイヤルティを高めて囲い込むことを目的とする。このような傾向は、サッカーやバスケットボールにとどまらず、女子バレーボールや社会人野球のチームにも影響を及ぼし、関係者のスポーツマネジメントに対する関心を高めている。

2・ファンビジネス成功の方程式

ではチームやクラブの事業化を成功に導くには、どのような設計図を描けばよいのだろうか？　プロチームを持ちたいという情熱や意欲だけでは、成功はおぼつかない。そこには先を見通した事業スキームが必要であり、無駄な投資を省き、収支を考慮して、目的に向かって必要な仕事を淡々とこなしていく、実直なビジネス感覚が必要とされる。

チームやクラブの事業化の本質は、チケットを買ってくれるスポーツ消費者としてのファンをつくることであり、ファンこそが、クラブビジネスが存在する必然性の担保なのである。

$$Y = \beta_1 X_1 + \beta_2 X_2 + \beta_3 X_3 + \beta_3 X_4 + \beta_3 X_5 + \alpha$$

従属変数

Y：ファンビジネスの成功（従属変数）

独立変数

X_1：商品アイデンティティ

X_2：地域密着化とステークホルダー

X_3：リーダーシップ（GM）

X_4：トポス（場）と舞台のクオリティ

X_5：ブランディング

そこで、ファンビジネスを成功に導く方程式を考えてみよう。前頁下に示したのは、「ファンづくり」を従属変数（Y）とする重回帰式であり、そのモデルの中には五つの独立変数（従属変数に影響を与える互いに独立した変数群：X_1～X_5）が含まれる。ただしこの方程式は、あくまで概念的な方程式であり、モデルを数量的に検証するための統計分析モデルではない。以下ではこれら五つの変数について、実例を交えながら解説を試みたい。

3・X_1：商品アイデンティティ

ファンビジネスとはどのような商品だろうか？　ファンビジネスの成功には、商品の特性を理解した上で、何をどのような目的で商品化し、どのチャネルを通して販売し、利益を何に再投資するのかといった明確な事業スキームが必要である。

スポーツに関するファンビジネスの本質は、三つの要素から構成されている（図35）。第一の要素は、クラブのオーナーやスポーツ関係者が、そのスポーツに対して抱く情熱（パッション）である。パッションはガソリンであり、ガソリンで動くエンジンの排気量である。パッションが大きいほど、エンジンの馬力もまた大きい。Jリーグには、地域に生まれた小さなパッションがやがて地域を巻き込む大きなパッションとなり、それが大きな力となって誕生したプロチーム・クラブが多数存在する。

第二の要素は使命（ミッション）である。ファンビジネスの根本は、社会的な価値づくりであり、そこには多くの人が共感する大義名分が必要である。ミッションは、パッションを正しい方向に導く道標であり、事業スキームを、万人が賛同する価値ある事業にするために不可欠な要素である。

第三の要素は、パッションとミッションに支えられた事業スキームを、実現可能にするビジネスである。事業を実現するには、人を動かし、金を調達し、物を活用できるビジネスの知識と実行力が不可欠である。ここで重要なことは、これら三つの要素がバランスよく連動することで、パッションだけが特化しても組織は空回りするし、ビジネスだけが重視されても、ファンの心を掴むことはできない。またミッションを反映する大義だけが独り歩きしても、事業成果は生まれない。

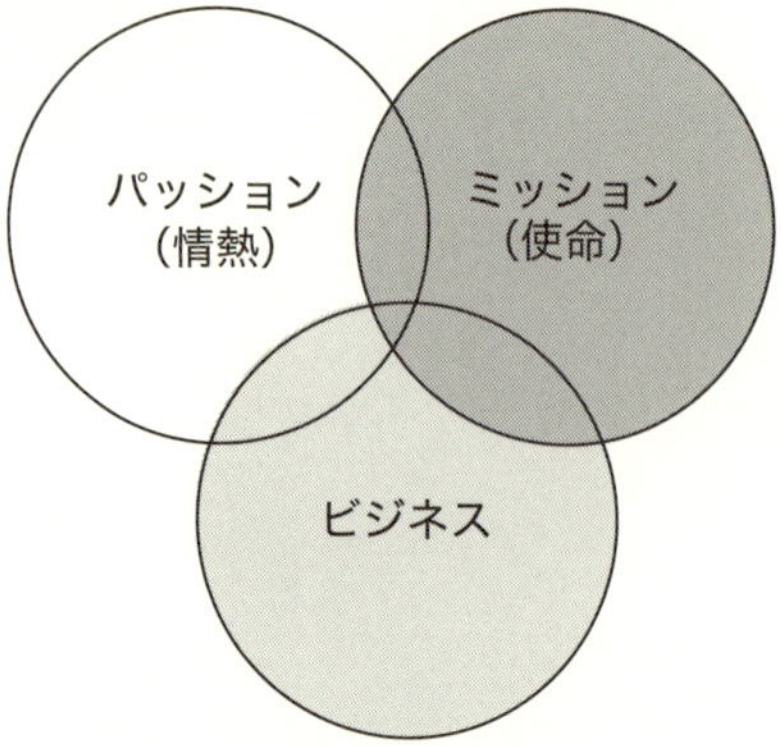

図35 ファンビジネスの3要素

ファンビジネスが提供する商品のアイデンティティは、『スポーツマーケティング』（スポーツビジネス叢書・大修館書店）の中でも指摘した、ビジネスの本質を意味する。スポーツビジネスの現場では、常に“What business are you in?”（あなたのビジネスは何？）という問いかけに対する答えを用意しておかなければならない。どんよりとした天気が続く冬の新潟の週末、朱鷺メッセがファンに提供する商品の本質は、バスケットボールではなく、「華やかさ」と「にぎわい」のある〈祭りの場〉であり、新潟アルビレックスBBのファンであることの「歓び」と「誇り」を再確認できる〈感情関与の時間〉である（注1）。

4・X₂：地域密着化とステークホルダー

❶地元ファンの獲得

ファンビジネスの基本は、チームやクラブがファンの所有物であり、強いロイヤルティ（忠誠心）や帰属意識を持つ「マイクラブ」意識の醸成にある。日本において企業スポーツの人気が低く、多くのクラブが廃部や休部に追い込まれたのは、不況や経営の合理化だけが原因ではなく、企業チームの多くがその地域に密着した固有のファンを持てなかった（あるいは持たなかった）ことにある。その結果、企業にとって有益なCSR（企業の社会貢献）的メッセージの発信や、将来の企業顧客の可能性を秘めたステークホルダーの取り込みなど、チーム側から企業に対する価値還元ができなかったというのがことの本質ではないだろうか。

加えて、もし企業チームに固有のファンがいたとしても、そのようなファンは、親企業の商品やサービスを購入する直接的な企業顧客にはなりにくく、ファンもまた、チームを所有する企業に対して愛着心やロイヤルティを持っているわけではない。この点企業は、スポーツチームを所有するよりも、スポンサーとしてチーム運営を支援したほうが、ファンに対してより明確なメッセージを送ることが可能となる。

企業チームの試合を観戦に来るファンには、職場の福利厚生サービスとして無料券をもらうケースや、社内ファンクラブに加入するケース、あるいは職場単位の動員によるケースなどが含まれる。このような「社員ファン」にあるのは、企業が立地する地域への帰属意識ではなく会社への帰属意識である。

Jリーグでは、このような企業スポーツが抱える問題点を解消するため、プロ化にあたってはホームタウンの考え方を理念化し、地域密着型のクラブづくりを提唱した。企業はそれまで所有していた自社チームを切り離し、株式会社化することによってプロチームへと変身させ、企業は主要株主もしくは主要スポンサーとしてクラブ経営を金銭面で支援するようになった。ただし、このような所有から支援の流れは、実業団リーグのプロ化が重要な役割を果たすため、他の企業チームを中心としたリーグに対し、同じ手法が有効かどうかについては議論の余地がある。

2 地域密着とは?

Jリーグは、企業チームによる実業団リーグのあり方を反面教師としたが、その成功の最大の要因は、興行権を買ってくれる地方協会のもとで試合を行っていた旧来の運営を根本から変え、ホームタウンとホームスタジアムを定め、地域に密着した経営をめざしたことにある。これによってJリーグは、自治体という最大のステークホルダーを獲得するとともに、地域名を「人質」にとることができたのである。

地域名を冠されたクラブと自治体は運命共同体となり、両者の間に緩やかな同盟関係が結ばれることになる。ただ同盟関係も、自治体の首長によって、積極的に推進されるケースと、場合によってはお荷物的な扱いを受けるケースがあるが、Jクラブの人気が高まれば、クラブが同盟関係のイニシアチブをとることができ、地域からより有利な条件を引き出すことが可能となる。

サッカーと地域の関係を考察したベイル（Bale, J.）[2]は、1973年の英国において、FAカップでリーズ・ユナイテッドを破り、予想を覆して優勝したサンダーランドが、そのおかげで、地名として英国の「地図上に書き込まれる」ようになったという、デリックとマクロリー（Derrick, E. and McRory, J.）[3]の指摘を引用し、英国のサッカーが、地域間の優位性をめぐる戦いに用いられ、結果として、チームスポーツが人びとの場所に対する忠誠心を高めたと述べた。日本のサッカーも同様に、地域密着を前面に押し出すことで、チームスポーツを核とした、新しい地域アイデンティティのインキュベーター（孵卵器）の役割を果たしたことは疑いようのない事実である。

3 コミュニティビジネスの文脈

地域密着型のクラブビジネスに関しては、近年、地域経営論や地域産業論の中で注目を集めている「コミュニティビジネス」の文脈の中で考えるとわかりやすい。細内[4]によると、コミュニティビジネスは、営利追求を第一とする企業に対し、活動の意義や意味を行動の価値基準に置くという前提があり、次の四つの特徴がある。

- 住民主体の地域密着ビジネス
- 必ずしも利益追求を第一としない適正規模、適正利益のビジネス
- 営利を第一とするビジネスとボランティア活動の中間領域的なビジネス
- グローバルな視野のもとに、行動はローカルの開放型のビジネス

すなわち、コミュニティビジネスは、ベンチャー精神と地域社会貢献スピリットに支えられた地域密着事業であり、クラブ事業の場合、ファン、自治体、スポンサー企業、メディア、ボランティアといった多様なステークホルダーを持つ。その意味からも、地域密着や「百年構想」、あるいは「スポーツでもっと幸せな国へ」といったスローガンを掲げるJリーグは、地域貢献を主眼とするコミュニティビジネスの典型と考えられる。

地域社会貢献という非営利的思想と、ベンチャーというビジネス的発想をあわせ持つJリーグビジネスにおいては、(非営利と営利の両者に目配せする必要があるために) ステークホルダー間の利害関係は複雑になるが、その一方で、事業コンセプトは、(サッカーを通した地域振興のように) 草の根的である。将来Jリーグ入りをめざすクラブや、NPOの認証を受けて組織的な活動を営むクラブの動機はきわめて地域志向かつボランティア志向であり、グラスルーツ (草の根) スポーツの延

長線上にある。ただし、地域密着的であるがゆえに、地元スポーツ界の利害の調整といった、営利を追求する企業にはない別の苦労も存在する。

コミュニティビジネスとしてのクラブ事業は、多様なステークホルダーのメセナ的、あるいはフィランソロピー的な支援によって成り立っているケースが多い。それゆえ、社長もしくはGMは、これらのステークホルダーの参加意欲を満たすべく、渉外的な業務に多くの労力を傾注しなければならない。すなわち、チームとクラブのマネジメント以外に、多様なステークホルダーの利害関係を調整し、目標達成のための組織間連携を活発化する、「地域の顔」としての活躍が求められる。

5・X_3：リーダーシップ（GM）

1 GMの必要性

GM（General Maneger）とは、クラブやチームにおけるCEO（最高経営責任者）のことで、クラブ・チーム運営のすべてに責任を持つポジションを意味し、クラブの営業とチームの強化に責任を持つ。チームごとに状況は異なるが、一般的にはオーナーの下にGMがおり、その下にチーム強化に責任を持つフィールドマネジャーとしての監督と、クラブの経営に責任を持つクラブマネジャーが存在する。また組織によっては、GMがクラブマネジャーの仕事を兼任し、チームマネジャーの監督と並立することもあるが、いずれにせよGMは、企業経営者としての資質と、よい選手と監督の資質を見抜き、強いチームをつくる才能を集め、機能させる能力とリーダーシップに優れていなければならない。

日本では、プロ野球がいち早くGM制度を導入したが、メジャーリーグのようなチームづくりに全権を委任されたGMは存在しない。この背景には、企業スポーツの色が濃い日本球界の組織編制にある。かつて80年代から90年代にかけて、人脈をフルに活用し、西武とダイエーを常勝球団に育てた故・根本陸夫氏にしても、西武では「管理部長」、ダイエーでも「球団専務」「球団社長」あるいは「監督兼球団代表」という企業組織を反映した肩書きしか用意されておらず、本来のGMとは異なる役割を担っていた。

その一方、プロ野球を反面教師として育ってきたJリーグでは、いち早くGM制度を導入し、クラブ経営とチームづくりに責任を持つチームの顔を養成してきた。ファンビジネスにおいてGMは、経営に配慮した強いチームづくりには欠かせない存在である。しかしGMが定着していない日本において、どのようなリーダーシップが求められているかについて、十分な議論が行われているわけではない。そこで以下では、GMに求められるリーダーシップについて考えてみたい。

2 変革型リーダーシップ

組織論には、組織の特徴を、選手が監督やコーチの出すサインに従って動く「野球型」と、ボールが位置する局面に応じて、個々の選手が自分の判断で自由に動く「サッカー型」に分ける考え方がある。前者では、個人の機能は固定化されており、後者では、個人の機能は流動的である。

高齢化や情報化といった変化の激しい社会において組織に求められるのは、機能が固定化されない緩やかな組織と、ネットワークによる情報の共有である。とくにファンビジネスのように、命令経路が短く、現場に権限を委譲することが重要なサービス組織では、サッカー型組織が有効である。次から次へとファンのニーズとウォンツを吸い上げ、エンターテイメント溢れる経験空間をつくる非ルーティンの仕事は、小回りがきき、情報とアイデアが次つぎと湧き出る、流動的な組織でなければ無理である。

このような自由闊達な組織で有効に機能するのが、変革型リーダーシップである。変革型リーダーシップでは、リーダーは他の組織の成員（フォロワー）の意識を変え、自分と同一という意識を芽生えさせ、参加意欲を高め、結果として組織全体のパフォーマンスを向上させていくのである。ちょうどサッカー選手のように、個々人が問題を認識し、考え、解決できるように、フォロワーに対する個別の配慮が重要である。

稲垣[(5)]によれば、変革型リーダーシップには①自己変革努力、②課題設定・解決努力、③新しいことへの好奇心とチャレンジ精神、④周囲への働きかけ行動、⑤既成枠組みに対する柔軟性のある発想・行動といった五つの特性がある。それゆえＧＭには、常にファンに気を配り、ファンが何を望み、どのような経験をしたがっているかを察知するマーケティング志向の姿勢とともに、次つぎに浮かぶ新しいアイデアの実行を許容する自由闊達な組織環境をつくる努力が必要である。

3 スポーツビジネスに必要なリーダーシップ

カーターとロベル（Carter, D. & Rovell, D.）(6)は、スポーツビジネスに必要なリーダーシップとは、「目的と指針と熱意を持って、与えられた使命を達成するために、周囲を動かす力である」と述べ、以下の10の要素を指摘した。この中には、GMのリーダーシップとともに、強いチームを率いる監督やヘッドコーチなど、アメリカのスポーツビジネスで活躍したプロフェッショナルのリーダーシップ要素が含まれる。

●情熱的であれ（Be Passionate）：ヤンキースのオーナーであるスタインブレナーの情熱は、監督と選手のモチベーションに大きな影響を与え続けた。

●直感的であれ（Be Intuitive）：優れたリーダーは直感の役割を大切にする。49ersのQBだったジョー・モンタナは、本能に従うリーダーシップで4度のスーパーボウルを制した。

●耳を傾けよ（Listen Carefully）：名のあるリーダーたちは、相手の言い分をしっかり聞くことで対話をスムーズにし、アイデアを共有する場を提供する。MBAのサクラメント・キングスのオーナーであったマルーフ兄弟は、オフィスと携帯電話の番号を入れた名刺をファンに配ってまわった。

誠実であれ（Have Integrity）：傑出したリーダーは、常に公平で正しい決定を下す能力を持ち、勇気と誠意でそれを実行する。10回というNCAA優勝記録を持つUCLAのバスケットボールコーチで、ビジネス界でもよく知られている「成功のピラミッド」というコーチング哲学を構築したジョン・ウドゥン(7)は、選手にとって素晴らしい教師でありメンター（助言者）であった。

思いやりを持て（Be Caring）：優れたリーダーは、人びとと一体になり、包みこみ、彼らの力を活用する。リーダーは個人の長所を見つけ、そのよさを最大限に伸ばそうとする。1936年のベルリンオリンピックで四つの金メダルを米国にもたらした黒人選手、ジェシー・オーエンスは、オリンピックの後、クリーブランドの遊び場やシカゴのボーイズ・クラブの指導者として活躍した。彼はオリンピック後の仕事として、町の一角に住む貧しい子どもたちに、彼らの生活にとってスポーツが重要な糧となることを教えた。

戦略的に考える（Think Strategically）：ゲームについての戦略的アプローチに欠けたリーダーは、重要な情報や物ごとの流れを見失う。シカゴ大学で41年間（1892〜1932年）アメリカン・フットボールのコーチをしていたアモス・アロンゾ・スタッグは、強いチームをつくるためにハドルやTフォーメーション、オンサイドキック、ラテラルパスなどの革命的な戦術を次つぎに生み出し、相手チームに脅威を与えた。

信頼関係を育てる（Develop Trust）：信頼関係は、組織全体の責任感を高めるだけでなく、勝敗に対するメンバーの意識を変革する。デューク大学のバスケットボールコーチ、マイク・クシェフスキーは、選手の間と選手とコーチの間に信頼関係を育てた。それによって、負け試合での責任のなすりあいを避け、勝ち試合の喜びを倍加した。

●**勝負をかける（Take Chances）**：どのように、どのタイミングで賭けに出るか、そして賭けが組織と人びとに与える影響を知ることは、リーダーが持つ大切なスキルである。ブルックリン・ドジャーズの会長兼GMだったブランチ・リッキーは、人種差別の撤廃に先立つ20年前の1945年、初の黒人選手としてジャッキー・ロビンソンを獲得した。彼は黒人との契約が生み出す誹謗中傷を恐れなかった。その結果ロビンソンは、何年にもわたりドジャースの優勝争いに貢献した。

●**学び続けること（Keep Learning）**：卓越したリーダーは、自分がすべてを熟知しているわけではないことを知っており、周りの人びとの才能を認め、助言を歓迎する。フロリダ州立大学のフットボールゲームのサイドラインには、ヘッドコーチのボビー・ボウデンの姿があるが、彼はほとんど指示を出さない。伝説の老コーチは、くたびれているわけでも、面倒くさがっているわけでもない。ボウデンは、自分を偉大なリーダーたちに囲ませ、彼らに権限を委譲し、彼の指揮下にある選手たちが下した決定が、チーム全員に支持されるような環境をつくり出すのである。彼と彼のスタッフは、互いに教え、学びあうのである。だからボウデンのアシスタント・コーチたちは、毎シーズン、新しいヘッドコーチを探している他チームの候補者リストに名前があがる。

●**バランスをとれ（Find Balance）**：リーダーが仕事の場でバランスを欠くと、組織は目に見えないコストの支払いに苦しみ、チームのモラルが低下する。パートタイムであるNFLのレフェリーは、校長、弁護士、医師、ゴルフのレッスンプロといった定職を持っており、自分たちの仕事と、スタジアムの仕事をバランスよく、同時にこなしている。彼らは本業にも熱心であるし、時間があれば自分が笛を吹いた試合のビデオを繰り返し見て技術の向上を図っている。

6・X_4：トポス（場）と舞台のクオリティ

1 トポフィリアとトポフォビア

人には、理屈抜きに好きな場所と、そうでない場所がある。たとえば、ハワイの白い砂浜や青い海、あるいはアルプスの美しい雪山など、場所にまつわる何らかの思い出や経験から、その場所に対して強い愛着を感じ、情緒的な関係を持つことがある。このような「場所に対する愛」や「場所愛」とよばれる概念が「トポフィリア」（Topophilia）である。地理学者のイーフー・トゥアン(8)が提示した概念で、場所を表すトポス（topos）と愛を表すフィリア（philia）の造語である。

その反対に、考えただけでもおぞましい場所や、苦手な場所に対する「場所嫌悪」とされる概念を「トポフォビア」とよぶ。これはトポスに、ギリシャ語の恐怖や逃亡を意味するフォボス（phobos）がくっついたもので、英語ではフォビアとよぶ。暗くて不気味な森や、汚くて危険な都会の一角など、人はそれぞれに苦手な場所を持っている。

トポフィリアに着目したベイル(9)は、サッカースタジアムを情緒と場所を結びつける媒体と考え、それが日常生活の中に数多くの小さな感動を与え、生活の質的向上に寄与すると考えた。スタジアムはまた、チームのファンが地域に対する忠誠心を示す場所であり、一体感と団結心を提供する場所でもある。

英国におけるサッカースタジアムだけでなく、ニューヨークっ子にとってのヤンキースタジアムや、阪神ファンにとっての甲子園球場は特別な存在であり、そこ（トポス）には、長い歴史や数々の思い出が、愛情とともに詰まっている。スタジアムやボールパーク（球場）は、長い時間その場所に存在し、都市風景の一部として景観に溶け込むだけでなく、住民がスタジアムの存在に誇りと喜びを感じる〈トポフィリア〉を抱く場所なのであり、そこで行われるゲームを見に行くのが、親の代から連綿と続く生活の一部なのである。

2 舞台のクオリティ

ファンのスタジアムに対する愛情は、そこで得られた経験のクオリティ（質）とも深く関係する。汚いトイレ、窮屈なシート、子ども連れで楽しむことのできない狭苦しい空間、低い飲食物販サービスの質など、快適さとは程遠いスタジアム経験が、ファンの定着を阻害している可能性もある。

その反対に、美しく快適で、ファンのニーズを満たす機能を持つスタジアムやアリーナは、優れたスポーツイベントに備わる「ゲーム」「儀式」「祝祭」「スペクタクル」といった要素を十分に伝える〈劇場〉の役割を果たす[10]。もちろん、優先順位はゲームの質にある。いくら良質なスタジアム環境を備えても、そこで提供されるコンテンツが貧弱であれば、舞台のクオリティは保障されない。

かつて毎試合4万人を動員した新潟アルビレックスが幸運だったのは、「ビッグスワン」(現東北電力ビッグスワンスタジアム)という巨大スタジアムが存在したからである。もちろんその成功は、クラブの経営努力抜きには語れないが、ビッグスワンは、11人の若き戦士が新潟の威信を賭けて戦うフィールドであり、ホームでの勝利に向けた儀式を司る神殿であり、儀式と壮大なスペクタクルを良質なエンターテイメントに昇華させる劇場である。ホームでは負けないという、クラブ経営の基本を実直なまでに守っているのが新潟である。

サッカー観戦には、チームの勝ち負けだけでなく、そこでのスペクタクルな経験が重要になる。それにはスタジアムが満杯になり、ゲーム自体がスペクタクルでなければならない。そうなれば、勝つにせよ負けるにせよ、ファンは喜び、誇り、怒り、悲しみといった深い経験をすることになり、チームロイヤルティを高めることができるようになる。

3 舞台へのアクセス

舞台のクオリティとともに、舞台のロケーション(場所)も問題となる。スポーツ施設へのアクセスにはいろいろな考え方がある。体育館やフィットネスクラブのように、日常生活圏で活用するための施設は、近ければ近いほど便利であるが、月に一度のホームゲームが行われるスタジアムの場合、アクセスというのはそれほど大きな問題にはならない。極端な話、ファンはどこからでも来るのであり、都心から離れた埼玉スタジアムにも5万人のファンが集うのである。

Jリーグの観戦者調査(11)によれば、スタジアムへのアクセス時間（片道）のリーグ平均は53・2分であり、一番平均時間が長い鹿島アントラーズは100・0分、一番短い湘南ベルマーレが36・1分となっている。実際湘南ベルマーレは、ファンの61・9％のアクセス時間が30分以内であり、ファンの集積度の高さがうかがえる。

4 指定管理者制度と舞台のクオリティ

最近では、千葉ロッテ・マリーンズや鹿島アントラーズのように、球団やクラブが指定管理者としてホーム施設の管理運営に乗り出すケースが散見される。その目的は、施設運営とゲーム運営の一体管理によるファンサービスの充実と収益アップであるが、施設自体がスポーツエンターテイメントを目的として計画されていない上に、行政財産であるがゆえに改修もままならず、たとえ指定管理者になったとしても、条例に縛られた施設利用上の規制が残る。

それゆえ自治体が、地元のプロスポーツを地域の象徴的な存在として、あるいは地域活性化のエンジンとして本気で活用しようとするならば、公共スポーツ施設を収益が得られるエンターテイメント施設に改修し、その上で指定管理者として競わせるぐらいの積極策が必要である。さもなければ、施設とクラブが共倒れになる可能性もある。アメリカにおいて、多くの都市が多額の公金を投入してまで大規模施設をつくるのは、メジャーリーグやNFLチームを持つことの利点を熟知しているからである。

日本では、プロ野球やJリーグを除けば、プロスポーツとして今後の発展が期待できるのはバスケットボール、バレーボール、そしてハンドボール等のアリーナスポーツである。屋内系スポーツは、屋外系に比べて、気候や天候に悩まされることなく場内演出が自在にできるという利点を備えている。今後、先行しているプロバスケットボールのbjリーグが、コンテンツとして価値を増大させるとともに、将来、公共体育館の指定管理者となり、その場所を、ファンが愛着を感じる〈トポス〉へと転化してくれる可能性もある。

7・X_5：ブランディング

1 ブランドとは何か?

「ブランド」とは、目に見えない名称、シンボル、デザイン、もしくはそれらの組み合わせのことを意味し、競合他社の製品やサービスとの差別化をはかることを意図して設計された記号情報である。そして「ブランディング」とは、ブランドの価値を高めるための活動を意味する。スポーツの世界においてもブランドを理解することは大切で、とくにファンを集め、企業スポンサーから資金を調達しようとするスポーツ事業においては、ブランド力の向上は重要なクラブ経営戦略である。

たとえばヤンキースや浦和レッズの場合、ＭＬＢやＪリーグにおいて圧倒的な知名度を誇るスポーツブランドであり、チームに内包する目に見えない多様な記号情報は、他チームとの明確な差別化の源泉となっている。両チームに共通しているのは、選手、監督、スタジアム、人気など、ブランドを構成する資産価値の質の高さであり、その背後には多くの熱狂的なファンとスポンサー企業が存在する。しかしこれらのチームも、最初から他を圧倒するブランド資産を保有していたわけではない。長い年月をかけてチーム力を向上し、スポンサー企業と良好な関係を築き、スター選手を育て、ファンを囲い込みながら、チーム・ブランディングに努力を傾注してきたのである。

2 ブランドの進化

カーターとロベル（Carter, D. & Rovell, D.）[13]は、著書である"On the ball"（邦訳『アメリカ・スポーツビジネスに学ぶ経営戦略』大修館書店、２００６年）の中で、デチェラナトニーとマクエナリー（de Chernatony & McEnally）の論文[14]を引用して、スポーツブランドの進化について六つの段階を指摘した。

第一は、ブランドを必要としない段階であり、顧客は実用性だけを求める。コンビニで買う氷や、われわれが普段使うトイレットペーパーなどの日用生活用品もこれに近く、ブランドに関係なく代替可能な商品が多い。スポーツの世界では、地域で活動するスポーツクラブなどがこの段階にある。会員が楽しむことを目的とするクラブで、他のクラブと差別化を行う必要はない。

第二はブランドの紹介であり、生産者や製造者からの情報発信によって差別化を図ろうとする段階である。たとえばフィットネスクラブやサッカースクールなど、「○○は科学的なトレーニングを重視します」や「○○はJリーガーが教えます」など、競合者を意識した情報発信を行い、ブランドの存在をアピールしようとする。

第三はブランドの個性化であり、ブランドネームは、消費者の感性への訴求や商品の優位性といったマーケティングの支援によってイメージを固定化していく。ブランディングはこの段階で、商品を消費者の個性と結びつけようとする。「やさしいお母さんはアイボリー石鹸を使います」といった具合に、商品やサービスに特化したパーソナリティを与える段階である。2005年にスタートしたプロバスケットボールのbjリーグなどは、ブランドの紹介の段階から個性化の段階へと移行しはじめた。新興のプロリーグにとって重要なことは、リーグの管理と財政的な安定であり、エクスパンションを含め、着実で安全な成長をファンと企業スポンサーに訴えていく必要性である。

第四は、アイコン（記号や象徴）としてのブランドであり、マルボロのカウボーイのように、ロゴやマスコット、あるいはキャッチフレーズさえ見れば、企業のことを理解できる段階である。80年代のNBAは、マジック・ジョンソン、ラリー・バード、そしてマイケル・ジョーダンの3人によって、ＮＦＬやＭＬＢに対抗できるような「アイコンとしてのブランド」を持つリーグに育った。

第五は、同志としてのブランドである。この段階では、消費者が積極的にブランド形成に参加し、ブランドは複雑なアイデンティティを持つようになる。たとえばＦＣバルセロナのように、クラブの会員が選挙でＧＭを選ぶようになると、ファンであり構成員である会員がブランディングに大きな影響力を持つようになる。

第六はブランドが政策になるという段階で、たとえば、「すべての人は、自由と平等と尊厳と権利を持って生まれてくる」というメッセージを送るベネトンのように、ブランドは企業の社会的スタンスやポリシーに共感した消費者に所有されることになる。多くの企業が行っているＣＳＲ的活動もそのひとつで、倫理的・社会的な企業哲学の確立と、それに傾倒する消費者の囲い込みをめざしている。

3 プロバスケットボールのチーム・ブランディング

日本のプロスポーツにおけるブランディングの意識は低調であり、戦略的なチーム価値の向上が経営上の至上命題になっている訳でもない。そのことを反面教師とし、bjリーグの初代チャンピオンになった「大阪エヴェッサ」の運営会社である㈱ヒューマンスポーツエンターテイメントは、チームを立ち上げたときに、以下の4点をブランディングの柱とし、ブランドイメージの定着を図った。

●徹底したファンサービス

インターネット上のソーシャルネットワークサービスを利用したファンコミュニティづくりや、ファンに対するサインの徹底、チアダンスのパフォーマンスや吉本興業と組んだ演出など、エンタ
ーテイメントの提供に重きを置いた。

●完全地元密着主義

徹底して大阪という地域性を強調し、七福神の恵比寿さんの名前を借りて「エヴェッサ」というチーム名にするとともに、「まいど君」というキャラクターを活用し、HPにおいても大阪弁による情報提供を行う。

●女性ファンを重視

実力もさることながら、容姿にこだわった選手リクルートを行う。ファン基盤のないゼロからのスタートだったため、最も反応の良い顧客セグメントを最初のターゲットとした。その結果、シーズン中は男性ファンを上回る女性ファンの獲得に成功した。

●勝利の最優先

bjリーグでは、オン・ザ・コートの外国人の数に制限を設けていない。それゆえ勝利を最優先するため、選手の国籍に関係なく実力主義で選手を起用することが可能であった。

4 ブランディングの課題——約束と実行

ブランドイメージは、製品やサービスを繰り返し使用することによって生まれる、消費者との「約束」のようなものである。そして、消費者は実際のブランド経験をすることによって、「約束」が実行されたかどうかを確認する。それゆえプロスポーツにおいても、ファンがバスケットボールを繰り返しライブ観戦し、信頼感を増していく過程が重要になる。それゆえ、素晴らしいゲームと質の高いエンターテイメントを消費者に繰り返し提供し、消費者との約束を実行することによって、ブランド価値はさらに向上していく。そして次元の高い「約束」と「実行」を繰り返す中で、チームとファンの関係性は深まり、ファンのマイ・チーム意識はさらに強固なものになる。

5 天国への螺旋《らせん》階段

ファンビジネスの五つの要素がうまく機能したとき、クラブには天国への螺旋階段が開かれる。図37に示すように、明確な商品アイデンティティ像が示されることによって、地域の密着化が促進されると、多様なステークホルダーがクラブやチームに関与するようになる。この中には、スポーツ団体、企業、メディア、行政、ファンなどが含まれる。クラブやチームが適切なリーダーシップに導かれることによって、チームとファンの間に強固なロイヤルティが生まれ、観客動員数が増加する。経営が安定することによって、ファンサービスや地域貢献活動が軌道に乗り、チーム経営が

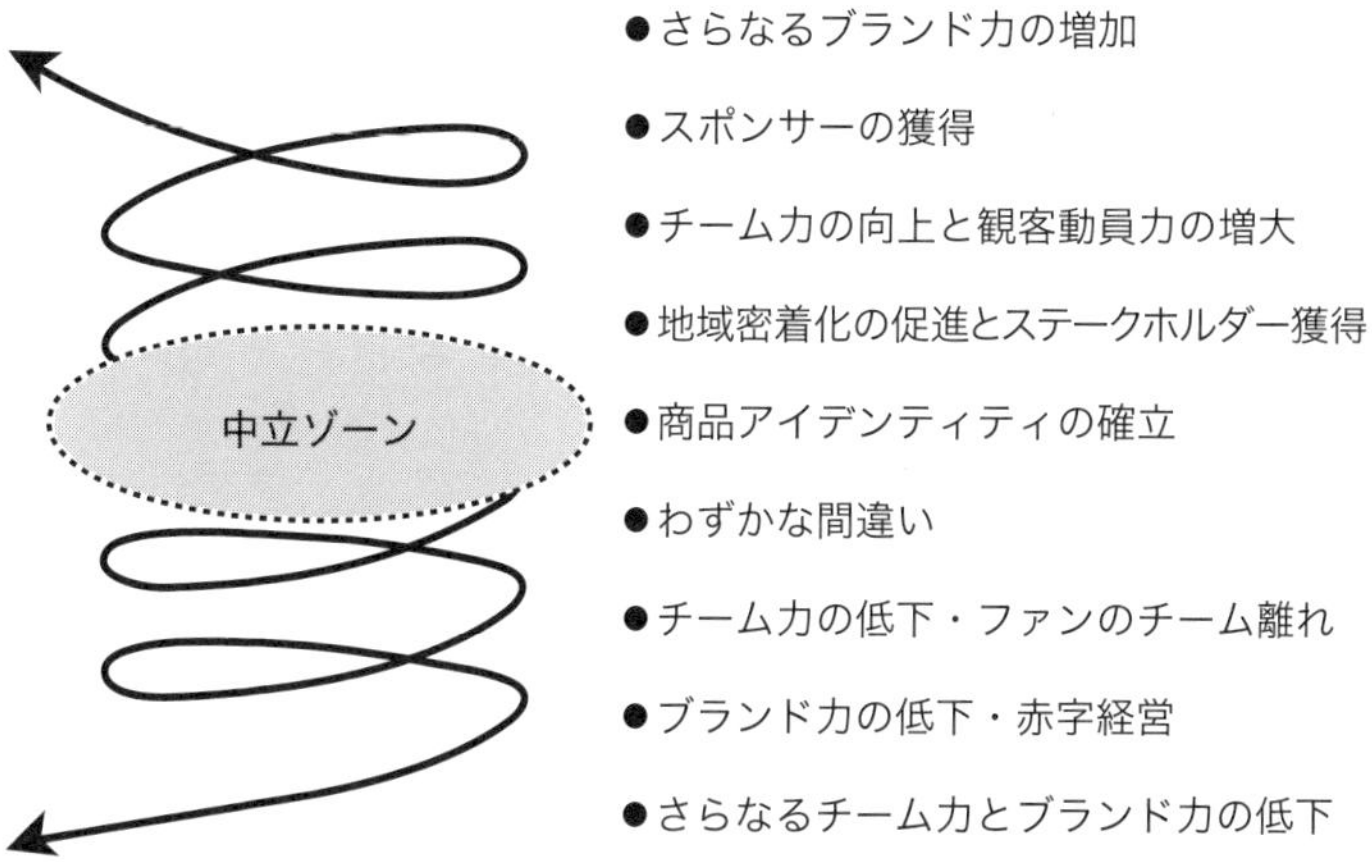

図37　クラブビジネスにおける「天国への螺旋階段」と「魔の悪循環」

安定する。

クラブの実力と人気が高まり、集客力がアップすることにより、ステークホルダーの多様化が進行し、クラブにブランド力が生まれる。チーム力が向上することによってブランド力が増し、クラブは入場料収入とスポンサー収入の増加という上昇気流に乗り、さらなるブランド力の向上と地域密着化が進展する。このようなスパイラル現象を「天国への螺旋階段」とよぶことができる。ひとつの成功が次の成功を誘発し、成功の規模がさざ波のように広がるバタフライ効果である。サッカーの浦和レッズなどはその典型である。

その反対にクラブ運営に問題が発生し、その結果チーム力と人気が低下した場合、ファンのチーム離れが発生し、観客動員力の低下を生み、さらなるブランド力の低下と、ファンの地域からの乖離を引き起こす。これを「魔の悪循環」とよぶ。クラブビジネスにおいては中立地帯に留まることは許されず、そこには、上昇するか下降するかのふたつのオプションしか存在しないのである。ひとつの誤りが、次の誤りを誘発し、誤りの規模が徐々に大きくなり、ブランド価値の低下とファン離れが起きることになる。

大切なことは、絶え間ない経営努力であり、クラブビジネスにおいては、ヘリコプターのように中立ゾーンでホバリング（空中浮遊）を続けることができないことを理解すべきである。小さな成功を積み重ねて上昇気流に乗るか、あるいは魔の悪循環に陥るか、選択は二つに一つである。

【注】

1：関与とは、個人がブランド・商品・購買経験などの対象物に対して知覚する個人のニーズ・価値観・関心との関連性であり、スポーツやエンターテイメントの場合、経験を楽しむ感情関与が増幅される[16]。

【引用文献】

(1) 原田宗彦「アイランドリーグ・bjリーグは何をめざすのか―スポーツの事業化」杉山茂他編『スポーツマネジメントの時代を迎えて』スポーツアドバンテージ・ブックレット2、創文企画、2005年、44-55頁。
(2) ベイル・J著、池田勝他訳『サッカースタジアムと都市』㈱体育施設出版、1997年。
(3) Derrick, E. and McRory, J. "Cup in hand: Sunderland's self-image after the Cup" Working Paper 8, Center for Urban and Regional Studies, University of Birmingham, 1973.
(4) 細内信孝編著『地域を元気にするコミュニティ・ビジネス』ぎょうせい、2001年、3頁。

(5) 稲垣公雄『ジーコジャパンに見る「変革型リーダーシップ」育成の条件』MRI TODAY、２００５年４月22日。
(6) カーター＆ロベル著、原田宗彦訳『アメリカ・スポーツビジネスに学ぶ経営戦略』大修館書店、２００６年。
(7) ジョン・ウドゥン著、武井光彦監訳「ＵＣＬＡバスケットボール」大修館書店、２０００年。
(8) イーフー・トゥアン著、小野有五・阿部一訳『トポフィリア―人間と環境』せりか書房、１９９２年。
(9) 前掲書(2)、１０９頁。
(10) 原田宗彦「地域振興におけるスタジアム開発の役割」月刊レジャー産業資料、１９９６年３月号：１５０-１５４頁。
(11) 社団法人日本プロサッカー協会『２０１３Ｊリーグスタジアム観戦者調査報告書』Ｊリーグ、２０１４年。
(12) Howard, D. "The changing fanscape for big league sports: Implications for sport managers" Journal of Sport Management, 13, 1999, 78-91.
(13) 前掲書(6)。
(14) De Chernatony, L. and McEnally, M. "The 1999 academy of marketing sciences" The Academy of Marketing Sciences.
(15) 早稲田大学スポーツビジネス・マネジメント研究室調べ、２００６年４月。
(16) 平久保仲人『消費者行動論』ダイヤモンド社、２００５年、62頁。

（原田宗彦）

［た行］

［な行］

［か行］

［さ行］

さくいん

［編著者］

原田宗彦（はらだ むねひこ）

1954年生まれ。京都教育大学卒業、筑波大学大学院修了、ペンシルバニア州立大学大学院博士課程修了（Ph.D.）。フルブライト上級研究員（テキサスA&M大学）を経て、現在、早稲田大学スポーツ科学学術院教授。**［公職等］**日本スポーツマネジメント学会会長、日本トップリーグ連携機構アドバイザリーボード、Jリーグ経営諮問委員会委員、bjリーグ経営諮問委員ほか。**［著書］**『スポーツイベントの経済学』（単著、平凡社新書）、『スポーツ産業論 第6版』（編著、杏林書院）、『スポーツ・レジャー・サービス論』（編著、建帛社）、『スポーツファンの社会学』（共著、世界思想社）、『スポーツ経営学』（共著、大修館書店）など多数。

小笠原悦子（おがさわら えつこ）

1958年生まれ。中京大学卒業、中京大学大学院体育学研究科修了、オハイオ州立大学大学院博士課程（スポーツマネジメント）修了。鹿屋体育大学助手、同講師を経て、現在、順天堂大学大学院教授。NPO法人ジュース（JWS）理事長。学術博士（Ph.D）。**［公職等］**日本スポーツマネジメント学会理事、アジアスポーツマネジメント学会副会長女性スポーツ研究センター・センター長ほか。**［著書］**『スポーツ学のすすめ』（共著、大修館書店）など。

［著者］（五十音順）

伊藤真紀（いとう まき）

1980年生まれ。上智大学卒業。ニューヘブン大学（米国コネチカット州）経営学修士課程（MBA）スポーツマネジメント学科修了（MBA取得）。ルイビル大学大学院博士課程修了。現在、順天堂大学スポーツ健康科学部スポーツマネジメント学科助教。学術博士（Ph.D.）**［著書］**『Taking the Lead カナダ発女性コーチの戦略と解決策』（共訳、日本印刷株式会社）。

作野誠一（さくの せいいち）

1967年生まれ。金沢大学卒業、金沢大学大学院社会環境科学研究科博士課程修了。福岡県立福岡女子大学専任講師、早稲田大学専任講師、同助教授を経て、現在、早稲田大学スポーツ科学学術院准教授。博士（学術）。**［公職等］**日本体育・スポーツ経営学会理事、所沢市総合型地域スポーツクラブ運営委員ほか。**［著書］**『テキスト 総合型地域スポーツクラブ［増補版］』（共著、大修館書店）、『総合型地域スポーツクラブの発展と展望』（共著、不昧堂）、『スポーツ白書 スポーツが目指すべき未来』（分担執筆、SSF笹川スポーツ財団）など。

澤井和彦（さわい かずひこ）

1966年生まれ。北海道大学卒業、東京大学大学院教育学

研究科修士課程修了、東京大学大学院教育学研究科博士課程単位取得退学。東京大学大学院教育学研究科助手、江戸川大学社会学部経営社会学科准教授を経て、現在、桜美林大学健康福祉学群健康科学専修准教授。教育学博士（Ph.D.）。【公職等】早稲田大学スポーツビジネス研究所客員研究員、（社）日本社会人アメリカンフットボール協会理事、日本スポーツマネジメント学会理事ほか。【著書】『現代スポーツ社会学序説』（共著、杏林書院）、『スポーツ白書 スポーツが目指すべき未来』（分担執筆、ＳＳＦ笹川スポーツ財団）、『スポビズガイドブック'08-'09』（共著、プレジデント社）など。

冨山浩三（とみやま こうぞう）
１９６２年生まれ。大阪体育大学卒業、鹿屋体育大学大学院修了。大阪ＹＭＣＡ専任講師、北九州市立大学助教授、オールドドミニオン大学客員教授を経て、現在、大阪体育大学教授。修士（体育学）。【公職等】日本スポーツマネジメント学会理事、日本生涯スポーツ学会理事ほか。【著書】『スポーツ産業論 第6版』（共著、杏林書院）、『レジャー・スポーツサービス論』（共著、建帛社）、『スポーツの経営学』（共著、杏林書院）、『ジェロントロジースポーツ』（共著、ジェロントロジースポーツ研究所）、『テキスト 総合型地域スポーツクラブ』（共著、大修館書店）など。

原田尚幸（はらだ なおゆき）
１９６８年生まれ。大阪体育大学卒業、大阪体育大学大学院体育学研究科修了、中京大学大学院体育学研究科博士後期課程単位取得退学。鹿屋体育大学助手、早稲田大学助手、和光大学講師を経て、現在、和光大学教授。修士（体育学）。【公職等】日本スポーツマネジメント学会理事ほか。【著書】『スポーツ産業論 第6版』（共著、杏林書院）、『スポーツ白書２０１４ スポーツの使命と可能性』（共著、ＳＳＦ笹川スポーツ財団）など。

森浩寿（もり ひろひさ）
１９６６年生まれ。日本大学大学院文学研究科教育学専攻博士後期課程単位取得退学。現在、大東文化大学スポーツ・健康科学部教授。修士（教育学）。【公職等】日本スポーツ法学会理事、日本体育・スポーツ政策学会理事、日本スポーツ産業学会スポーツ法学専門分科会幹事。【著書】『導入対話によるスポーツ法学（第２版）』（共著、不磨書房）、『スポーツ六法２０１４』（共編、信山社）、『スポーツ政策論』（共著、成文堂）、『解説学校安全基準』（共編、信山社）、『詳解 スポーツ基本法』（共著、成文堂）など。

スポーツマネジメント　改訂版《かいていばん》

©Harada Munehiko & Ogasawara Etsuko 2008, 2015

NDC330/xiv, 259p/20cm

初　版第一刷発行——二〇〇八年十一月一〇日
改訂版第一刷発行——二〇一五年十二月二〇日

編著者——原田宗彦《はらだむねひこ》・小笠原悦子《おがさわらえつこ》

発行者——鈴木一行

発行所——株式会社　大修館書店
〒113-8541 東京都文京区湯島二-一-一
電話 03-3868-2651（販売部）
03-3868-2298（編集部）
振替 00190-7-40504
[出版情報] http://www.taishukan.co.jp

編集協力——和田義智
装丁者——下川雅敏
印　刷——三松堂
製　本——牧製本

ISBN978-4-469-26783-9　Printed in Japan

Ⓡ本書のコピー、スキャン、デジタル化等の無断複製は著作権法上での例外を除き禁じられています。本書を代行業者等の第三者に依頼してスキャンやデジタル化することは、たとえ個人や家庭内での利用であっても著作権法上認められておりません。

アメリカ・スポーツビジネスに学ぶ経営戦略

●デビッド・M・カーター、ダレン・ロベル 著
●原田宗彦 訳
A5判・304頁、本体2000円

スポーツビジネスの世界は、顧客の獲得、顧客サービスの提供、個人とビジネスのブランド化、雇用関係、同盟の構築、危機管理、新市場への参入、リーダーシップなど、さまざまなブレークスルー・テクニックの事例に満ちている。豊富な事例をもとに、企業経営の真髄をわかりやすく紹介・解説。

図解 スポーツマネジメント

●山下秋二、原田宗彦 編著
●中西純司、松岡宏高、冨田幸博、金山千広 著
B5判・210頁、本体1800円

スポーツマネジメントという言葉には、さまざまな意味が含まれている。本書では、スポーツビジネス、スポーツマーケティング、スポーツオペレーションの3領域にわたるマネジメントの知識を、ビジュアルに解説。

実録 メジャーリーグの法律とビジネス

●ロジャー・I・エイブラム 著
●大坪正則 監訳 中尾ゆかり 訳
A5判・224頁、本体1800円

メジャーリーグ・ベースボールが今日まで発展してきた過程を、法律とビジネスの側面から説き明かす。フリーエージェント制度、選手組合、保留制度、独占禁止法免除、労使仲裁制度、賃金交渉と労使紛争、賭博疑惑、サラリーキャップ制度などの誕生、変遷、定着、決着の歴史。

ゼミナール 現代日本のスポーツビジネス戦略

●上西康文 編
A5判・274頁、本体2400円

現代スポーツビジネスのダイナミックな動きを、川淵三郎ら、さまざまなスポーツ産業の最前線に立つ9人の著者が明快に解説。新たなビジネスチャンス創造のための、まったく新しい21世紀型スポーツマーケティング戦略を浮き彫りにする。

定価=本体+税